WORDSEARCHES FOR KIDS

```
E  G  O  G  V  D  O  I  G  W
S  A  F  N  U  C  L  E  A  R
H  S  L  L  O  N  N  V  F  L
U  Y  A  L  C  I  E  U  E  I
(W  O  R  D  S  E  A  R  C  H)
C  R  W  R  O  I  E  S  N  V
L  E  U  F  O  I  B  S  I  U
F  T  E  N  D  G  B  E  W  F
L  S  L  O  R  T  E  P  L  B
O  O  I  I  V  O  D  N  C  D
```

Dr Gareth Moore B.Sc (Hons) M.Phil Ph.D
is an Ace Puzzler, and author of lots of puzzle books.
He created an online brain-training site called BrainedUp.com,
and runs an online puzzle site called PuzzleMix.com. Gareth has
a PhD from the University of Cambridge, where he taught
machines to understand spoken English.

Buster Books

First published in Great Britain in 2021
by Buster Books, an imprint of Michael O'Mara Books Limited,
9 Lion Yard, Tremadoc Road, London SW4 7NQ

The material in this book was previously published in
The Kids' Book of Wordsearches and *The Kids' Book of Wordsearches 1*

 www.mombooks.com/buster   Buster Books   @BusterBooks    @buster_books

Illustrations by John Bigwood, Sarah Horne and Andrew Pinder

Puzzles designed and typeset by Dr Gareth Moore
www.drgarethmoore.com

Layout designed by Barbara Ward

A CIP catalogue record for this book is available from the British Library.

ISBN: 978-1-78055-838-7

1 3 5 7 9 10 8 6 4 2

Papers used by Buster Books are natural, recyclable products made of wood from
well-managed, FSC®-certified forests and other controlled sources. The manufacturing
processes conform to the environmental regulations of the country of origin.

Printed and bound in November 2021 by CPI Group (UK) Ltd,
108 Beddington Lane, Croydon, CR0 4YY, United Kingdom

Contents

Searching For Words!
Level One: Beginners   Puzzles 1 To 23
Level Two: Intermediates   Puzzles 24 To 63
Level Three: Advanced   Puzzles 64 To 116
Level Four: Ace Puzzlers   Puzzles 117 To 160
Answers

Searching For Words!

Wordsearches are puzzles that absolutely anyone can solve. You don't even need to know the words or speak the language they're written in to solve them.

Words And Grids

Beneath each puzzle in this book is a list of words that you must find in the grid above it. You'll find the words running in a straight line in any direction, including diagonally, and either forwards or backwards.

Occasionally, some of the puzzles contain a phrase or word written with punctuation beneath the grid – in these cases just ignore the spaces or punctuation marks when looking in the grids.

When you find a word, mark it in the grid and cross it off in the list below it – a highlighter pen works well for this, but a pen or pencil are fine, too.

Are You A Beginner Or The Best?

The puzzles in this book start off easy and then get tougher as the book progresses. There are four separate difficulty levels, which are shown at the top of each page. There's also a 'Time' line where you can fill in exactly how long it has taken you to solve each puzzle.

Some of the puzzles have interesting shapes with lines drawn between the letters in the grid – ignore these when solving the puzzles, since the words can still run across these lines.

Some of the words in each puzzle will overlap one another – using the same letters in the grid.

If you get stuck and simply can't find a word and fear you will go crazy, don't despair, all the answers are in the back.

Good luck, and have fun!

Level One:
Beginners

Puzzle 1: Bird Brain

```
T L O G P N
E O U W O I
K L R E L F
L C G R M F
O I U A A U
P K N D E P
```

DUCK   OWL
EAGLE   PARROT
EMU   PIGEON
GULL   PUFFIN

Time ....

Puzzle 2: Animal Crackers

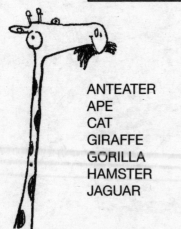

H	A	M	S	T	E	R	A
E	A	M	I	T	A	A	N
L	P	G	A	U	L	E	T
T	E	C	G	L	W	A	E
R	T	A	I	T	L	S	A
U	J	R	A	B	B	I	T
T	O	R	T	O	I	S	E
G	I	R	A	F	F	E	R

ANTEATER	LLAMA
APE	NEWT
CAT	RABBIT
GIRAFFE	RAT
GORILLA	TIGER
HAMSTER	TORTOISE
JAGUAR	TURTLE

 Time ....

Puzzle 3: Airport Antics

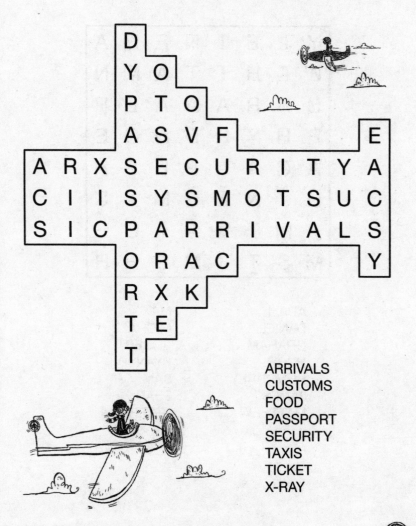

```
D
Y       O   T
P       S   O
A       V   F                       E
A R X S E C U R I T Y             A
C I I S Y S M O T S U C
S I C P A R R I V A L S
    O R A C                         Y
    R X K
    T E
    T
```

ARRIVALS
CUSTOMS
FOOD
PASSPORT
SECURITY
TAXIS
TICKET
X-RAY

Time ....

Puzzle 4: Boys' Names

Y	L	E	I	N	A	D	A
W	E	H	T	T	A	M	N
G	A	R	A	A	A	E	R
R	H	Y	H	D	H	O	S
A	C	A	A	P	B	E	H
H	I	N	E	E	M	X	U
A	M	T	R	A	A	U	G
M	S	T	J	M	S	H	H

ADAM   MAX
DANIEL   MICHAEL
GRAHAM   ROBERT
HUGH   RYAN
HUMPHREY   SAM
JAMES   SEAN
MATTHEW   STEPHEN

Time ....

Puzzle 5: Garden Pond

D	H	M	P	G	U	T	N
N	S	R	O	W	A	I	E
G	I	R	E	D	A	L	W
I	F	E	P	T	I	D	T
H	D	O	N	N	A	A	E
O	L	U	I	O	O	W	N
E	O	N	T	P	U	M	P
F	G	L	I	L	Y	L	T

FOUNTAIN
FROG
GOLDFISH
LILY
LINING
NET

NEWT
PUMP
TADPOLE
TOAD
WATER
WEED

Time ....

Puzzle 6: Crash, Bang, Wallop!

```
A N K N U W H T
P A W O H C A K
M A O I N L Z Z
O F Z U P O H W
O Z R S W H A M
B C R I L P Z A
A E E W O Y O L
K C A W H T A B
```

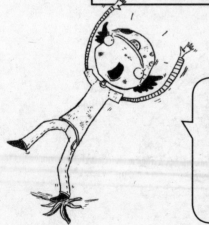

BLAM	THWACK
BOP	THWUNK
CRUNCH	WHAM
KABOOM	WHIZZ
KACHOW	WHOP
KERSPLAT	YOWEE
OOF	ZAP
POW	ZOWIE

🕐 Time ....

Puzzle 7: At The Ready

```
B J Y A W L E Y
Y W U D N A G G
L Y A M A E R A
B D L I P E E M
B G Y E T I R K
U Y M I V I N E
B O U N C I N G
B A G B J B L G
```

BOUNCING	LIVELY
BUBBLY	READY
JUMPING	WAITING
KEEN	WARM

Time ....

Puzzle 8: It's All Furniture

E	I	D	L	P	M	R	G
T	B	N	N	I	M	N	D
M	E	O	R	I	I	A	E
F	D	R	R	T	L	E	L
I	O	D	N	D	T	B	G
R	N	I	A	T	R	U	C
E	A	T	E	P	R	A	C
P	G	S	A	F	O	S	W

BED
BLIND
CARPET
CURTAIN
FIRE
LAMP
MIRROR
PAINTING
RUG
SETTEE
SOFA
WARDROBE

Time ....

Puzzle 9: Jewellery Jumble

E	L	G	N	A	B	A	E
T	C	H	R	W	M	H	A
N	T	A	G	U	H	E	B
O	I	N	L	C	L	W	E
T	I	E	O	K	A	L	K
R	T	O	A	T	C	I	T
B	R	A	C	E	L	E	T
B	I	H	C	O	O	A	N

AMULET   NECKLACE
BANGLE   RING
BRACELET   TIARA
BROOCH   WATCH

Time ....

Puzzle 10: Metal Mega-Mix

N	L	R	N	N	R	Y	N
C	O	P	P	E	R	E	Z
N	E	O	V	U	T	I	L
U	O	L	C	S	N	E	Z
R	I	R	G	C	K	E	L
S	E	N	I	C	D	E	P
M	U	N	I	T	A	L	P
T	K	N	R	D	L	O	G

COPPER
GOLD
IRON
LEAD
MERCURY
NICKEL
PLATINUM
SILVER
TUNGSTEN
ZINC

 Time ....

Puzzle 11: Using The Internet

```
R B E T E S S S
O E A N E S S E
L H S A I E L N
C I R W R L B I
O C A D O E N G
H S D M W R O O
C A E B E I B L
D A O L N W O D
```

ADDRESS   LOGIN
BROWSER   ONLINE
CHAT   SEARCH
DOWNLOAD   WEB
EMAIL   WIRELESS

Time ....

Puzzle 12: Parts Of A Mansion

```
S  H  G  A  M  E  S  M
I  M  A  N  U  I  T  O
T  F  O  L  I  B  U  O
M  P  O  O  L  V  D  R
O  Y  R  A  R  B  I  L
G  N  I  N  I  D  O  L
O  P  O  R  C  H  E  A
K  I  T  C  H  E  N  B
```

BALLROOM	LIBRARY
BEDROOM	LIVING
DINING	LOFT
GAMES	POOL
HALL	PORCH
KITCHEN	STUDIO

Time ....

Puzzle 13: Weather Words

C	O	L	I	D	N	I	W
C	L	D	I	C	T	O	O
Y	N	O	A	A	B	T	N
C	N	L	U	N	H	M	S
L	M	N	I	D	R	A	W
O	L	A	U	O	S	O	C
N	R	E	T	S	I	W	T
E	C	S	L	E	E	T	T

CALM

CLOUDS

CYCLONE

HAIL

RAINBOW

SLEET

SNOW

STORM

SUNNY

TORNADO

TWISTER

WIND

Time ....

Puzzle 14: Animal Chatter

M	Y	S	H	G	A	A	B
M	E	N	R	G	C	Q	A
C	K	O	N	A	I	K	R
G	A	R	W	I	C	E	K
R	E	T	T	A	H	C	N
O	U	N	U	H	U	W	I
W	Q	Q	I	L	M	O	O
L	S	R	C	R	R	U	P

BAA
BARK
CAW
CHATTER
CLUCK
GROWL
MEOW
MOO

NEIGH
OINK
PURR
QUACK
ROAR
SNORT
SQUEAK
WHINNY

Time ....

Puzzle 15: Keep The Noise Down!

S	S	C	R	E	E	C	H
I	I	K	T	D	R	W	T
R	E	D	N	U	H	T	E
E	T	U	M	I	E	L	K
N	O	B	S	R	L	L	C
S	L	T	O	E	A	C	A
E	L	N	B	S	S	L	R
E	S	U	A	L	P	P	A

ALARM
APPLAUSE
BELL
CLINK
RACKET   SNORE
RUMBLE   SOUND
SCREECH   THUNDER
SIREN   WHISTLE

Time ....

Puzzle 16: Things You Might Do Today

```
L  E  E  K  G  L  U  K
S  I  M  O  L  E  L  E
P  N  O  L  I  A  M  E
S  U  H  P  W  S  T  Z
T  R  E  C  E  I  V  E
A  M  M  K  S  E  V  E
N  G  O  J  A  I  L  N
D  H  C  D  G  W  A  S
```

COME HOME
EMAIL
GIVE
GO OUT
JOG
RECEIVE
RUN

SIT
SLEEP
SNEEZE
STAND
TALK
WAKE UP
WALK

Time ....

Puzzle 17: Funky Fractions

D	H	E	V	Q	F	N	R
S	R	S	H	F	H	E	T
I	X	I	I	T	T	E	H
X	R	F	H	R	N	V	D
T	T	G	A	T	E	I	U
H	I	U	H	F	V	T	N
E	Q	H	R	G	E	T	E
I	N	T	H	T	S	H	E

EIGHTH
FIFTH
NINTH
QUARTER
SEVENTH
SIXTH
TENTH
THIRD

Time ....

Puzzle 18: Tidying Up

```
P O P U T S U D
L N A E L C P U
V E O S S E O N
E A S E E N L B
H T C W N T I U
S E S U I I S R
A N D D U P H C
W N Y T P M E S
```

CLEAN
DUST
EMPTY
NEATEN
POLISH
RINSE
SCRUB

SHINE
SOAP
SWEEP
TIDY
VACUUM
WASH
WIPE

Time ....

Puzzle 19: What To Do With An Egg

```
B C P S P C M K
S P C C B I W K
I A O R T O H P
A O A A A B I W
K P E M C C S L
W B A B K H K S
O K A L L O P S
A A E E K A B O
```

BAKE	PICKLE
BOIL	POACH
COOK	SCRAMBLE
CRACK	WHIP
EAT	WHISK

Time ....

Puzzle 20: Time For Bed

T	D	O	O	P	S	T	Y
I	R	O	I	I	U	S	D
R	I	K	E	O	W	R	P
E	F	S	N	O	O	Z	E
D	T	R	R	P	D	Z	E
A	O	D	O	Z	O	W	L
W	F	F	O	D	O	N	S
W	F	M	A	E	R	D	D

DOZE	NOD OFF
DREAM	SIESTA
DRIFT OFF	SLEEP
DROP OFF	SNOOZE
DROWSY	TIRED
KIP	WORN OUT

Time ....

Puzzle 21: Hairy Puzzle

O	H	G	P	R	I	A	P
P	I	G	T	A	I	L	S
P	A	E	G	T	A	A	E
N	K	R	D	I	G	G	H
U	W	C	T	N	N	N	C
F	P	O	A	I	O	E	N
N	C	U	R	L	N	L	U
G	G	F	A	B	B	G	B

BLACK
BLONDE
BROWN
BUNCHES
CURL
FRINGE
HAIR
PARTING
PIGTAILS
PLAIT

Time ....

Puzzle 22: Colour Collection

```
T S E P I A N M
R E D N E V A L
E T L N E G E O
V I K O E S L R
L H S N I E U A
I W T R I V R N
S A E C U P E G
N C M A E R C E
```

CERISE	PINK
CERULEAN	PUCE
CREAM	SEPIA
GREEN	SILVER
LAVENDER	TAN
MAGENTA	VIOLET
ORANGE	WHITE

Time ....

Puzzle 23: Birds Of Prey

```
D A I E D N C L
E R D E O A R E
T A A C A E W R
I C L Z I G H T
K A O R Z O L S
F R R W B U I E
A A A B L H B K
H C Y E R P S O
```

BUZZARD
CARACARA
EAGLE
FALCON
HARRIER

HOBBY
KESTREL
KITE
OSPREY
OWL

Time _____

Level Two:
Intermediates

Puzzle 24: Big Rivers

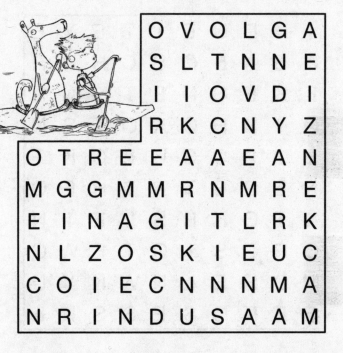

```
O V O L G A
S L T N N E
I I O V D I
R K C N Y Z
O T R E E A A E A N
M G G M M R N M R E
E I N A G I T L R K
N L Z O S K I E U C
C O I E C N N N M A
N R I N D U S A A M
```

AMAZON	MACKENZIE	RIO GRANDE
AMUR	MEKONG	TOCANTINS
CONGO	MURRAY	VOLGA
INDUS	NIGER	YENISEI
LENA	NILE	

Time ....

Puzzle 25: Let's Face It

```
I H D C E I T E Y E
R S A S G S C H H H
E S E C N E T M N H
O Y H H O K O T S N
E I E C S U E C K T
N E R B T A Y H E O
N T O H R S L E I N
O R F S I O T E W G
M D H E L H W K Y U
E E N O S E S S K E
```

CHEEKS
CHIN
EARS
EYEBROWS
EYELASHES
EYES

FOREHEAD
MOUTH
NOSE
NOSTRILS
TEETH
TONGUE

 Time ....

Puzzle 26: What's That Taste?

```
A D E E S I N A C L
U L I Q U O R I C E
N R N R S Y N H R V
T U O I R N O E A R
R S T R A C D N A E
E L E M O N I H N L
A H O L E L
C N A V L G
L T A A Q E
E L P P A E
```

ANISEED
APPLE
CHERRY
CHOCOLATE   LEMON   ROSE
CINNAMON   LIQUORICE   TREACLE
LAVENDER   NUTMEG   VANILLA

Time ....

INTERMEDIATES

Puzzle 27: Cake

ANGEL
APPLE
BAKEWELL TART
CARROT
CHOCOLATE

ECOLES
FAIRY
GINGERBREAD
LEMON
MARBLE

Time ....

Puzzle 28: Girls' Names

```
C E E A N A
H A N L Y M
A E L I L M
R K N E R E
L A Y I X E H Y N K
O T N C A A H C A R
T I A A U L N T I K
T E N I E L E D A M
E N I L O R A C R K
A I A N A T A S H A
```

ALEXANDRA	EMMA	LUCY
ANNA	KATE	MADELEINE
CAROLINE	KATHERINE	MICHELLE
CHARLOTTE	KATIE	NATASHA
ELAINE	KAY	

Time ....

Puzzle 29: Meal Time

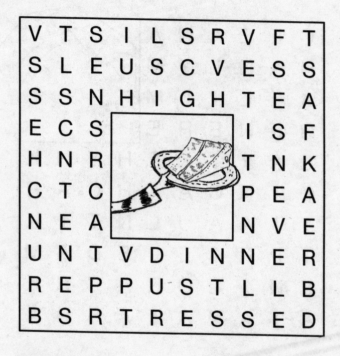

```
V T S I L S R V F T
S L E U S C V E S S
S S N H I G H T E A
E C S     I S A
H N R     T N F
C T C     P E K
N E A     N V A
U N T V D I N N E R
R E P P U S T L L B
B S R T R E S S E D
```

BREAKFAST
BRUNCH
DESSERT
ELEVENSES

HIGH TEA
LUNCH
SUPPER
TV DINNER

 Time ....

Puzzle 30: Month Mix-Up

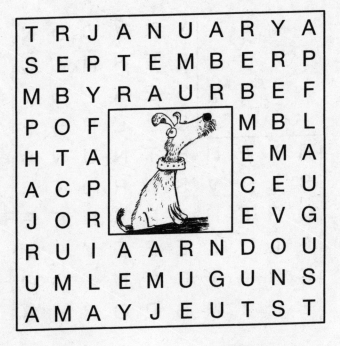

```
T R J A N U A R Y A
S E P T E M B E R P
M B Y R A U R B E F
P O F       M B L
H T A       E M A
A C P       C E U
J O R       E V G
R U I A A R N D O U
U M L E M U G U N S
A M A Y J E U T S T
```

APRIL
AUGUST
DECEMBER
FEBRUARY
JANUARY
JULY

JUNE
MARCH
MAY
NOVEMBER
OCTOBER
SEPTEMBER

Time ....

Puzzle 31: Counties In England

```
X R V C D N
  E E H N W C
  S E A I O T
  S L L R S E
R X P H E T N U N S
S I I V S W R O T R
O R E H A R V N E E
E L I L E E E V V M
C R L Y D K N A O O
E R I H S P O R H S
```

CHESHIRE	KENT
CLEVELAND	SHROPSHIRE
CORNWALL	SOMERSET
DEVON	SURREY
ESSEX	WILTSHIRE

 Time ....

Puzzle 32: Juicy Jumble

```
E  E  P  A  L  M  T  R  O  E
Y  G  I  O  O  A  I  O  O  P
A  R  N  O  N  N  U  N  G  F
W  H  E  A  T  G  R  A  S  S
   L  A  L  R  O  F  B  S
   I  P  A  E  O  N  E  G
   M  P  G  O  C  O  E  I
   E  L  U  S  A  I  T  N
      E  A  R  R  S  R
      M  V  S  R  S  O
      O  A  E  O  A  O
      N  V  A  T  P  T
```

BEETROOT	GUAVA	ORANGE
CARROT	LEMON	PASSION FRUIT
CELERY	LIME	PINEAPPLE
GRAPE	MANGO	WHEATGRASS

Time ....

Puzzle 33: Getting Washed

```
T  P  T  R  P  P
S  O  O  A  L  L
O  H  O  E  A  T
H  S  T  T  G  O
T  T  H  A  H  N  S  E  W  S
R  E  P  A  B  B  O  A  L  H
R  G  A  H  M  H  R  P  O  B
H  H  S  W  S  P  S  U  S  O
H  A  T  R  E  W  O  H  S  A
W  L  E  W  O  T  O  O  W  H
```

BATH
LATHER
SHAMPOO
SHOWER
SOAP

SPONGE
TOOTHBRUSH
TOOTHPASTE
TOWEL
WASH

Time ....

Puzzle 34: The World of Roald Dahl

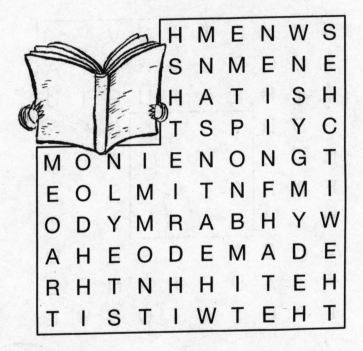

```
        H M E N W S
        S N M E N E
        H A T I S H
        T S P I Y C
M O N I E N O N G T
E O L M I T N F M I
O D Y M R A B H Y W
A H E O D E M A D E
R H T N H H I T E H
T I S T I W T E H T
```

DANNY
ESIO TROT
MATILDA
RHYME STEW

THE BFG
THE MINPINS
THE TWITS
THE WITCHES

Time ....

Puzzle 35: Emperors

```
H S N O T T O V V I
A U O R E N R E I A
T I B E R I U S T U
H D R       P E G
N U G       A L U
E A R       S L S
R L J       I I T
V C G A L B A A U U
A H A D R I A N S S
L A D T I T U S V L
```

AUGUSTUS   OTTO
CLAUDIUS   TIBERIUS
GALBA   TITUS
HADRIAN   TRAJAN
NERO   VESPASIAN
NERVA   VITELLIUS

 Time ....

Puzzle 36: Christmas Time

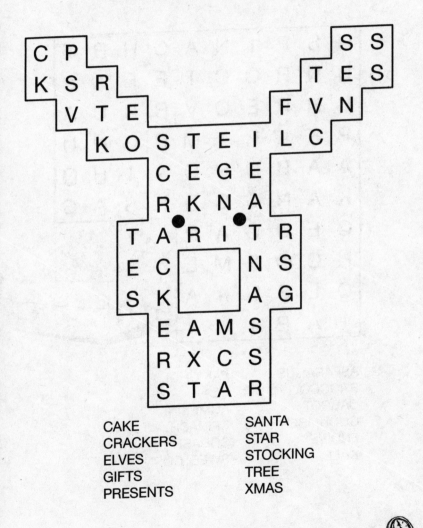

CAKE	SANTA
CRACKERS	STAR
ELVES	STOCKING
GIFTS	TREE
PRESENTS	XMAS

Time ....

Puzzle 37: Healthy Eating

```
U S P I N A C H R H
U N R O C T E E W S
R H R E O V B B U A
P K L R I M R G N U
A A R D U O A I H Q
K A N C C R K S A S
C E U C A P
H C O P M E
O L S U A A
I A P I U I
```

ASPARAGUS	PAK CHOI
BROCCOLI	PEA
CARROT	PUMPKIN
CUCUMBER	SPINACH
ENDIVE	SQUASH
KALE	SWEETCORN

 Time ....

Puzzle 38: Art Attack

E	A	F	R	C	C				
I	F	P	P	R	R				
T	T	E	A	E	L				
P	Y	Y	L	P	N				
I	O	A	E	T	E	C	H	E	B
N	C	L	T	R	T	R	I	R	E
R	H	C	T	N	A	I	U	L	E
K	A	C	E	E	I	S	P	E	E
G	L	U	E	B	H	A	E	I	N
R	K	N	I	P	R	N	P	R	R

BRUSH   GLUE
CHALK   INK
CLAY   PAINT
CRAYON   PALETTE
ERASER   PAPER
FELT TIP   PENCIL

Time ....

Puzzle 39: Body Boggle

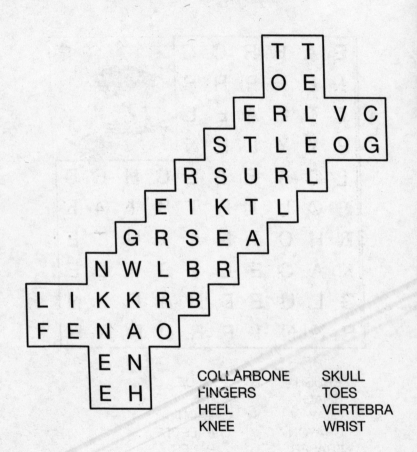

COLLARBONE	SKULL
FINGERS	TOES
HEEL	VERTEBRA
KNEE	WRIST

Time ....

Puzzle 40: Big Cats

```
B X W T I G E R S R
N B N I J A G U A R
C O C E L O T C N X
O B I H S D O A D P
L C Y L E U C R C A
O A J A G E A A A N
N T M A G P T C T T
H U R Y O R P A H H
P G S E R V A L H E
B R L Y N X R M H R
```

BOBCAT
CARACAL
CHEETAH
COUGAR
JAGUAR
LEOPARD
LION
LYNX

MARGAY
OCELOT
PANTHER
PUMA
SAND CAT
SERVAL
TIGER
WILDCAT

Time ....

Puzzle 41: United Kingdom Rivers

```
C N P W N R E V E S
L D N A V O N E N E
Y E I A Y A W D E M
D R R I B B L E E A
E S U O T A E R G H
U Y E P S R S W D T
      E E E E Y I
      Y M E N R W
      A W E T T U
      T R E T E S
```

AIRE	MERSEY	TEME
AVON	NENE	THAMES
BANN	RIBBLE	TRENT
CLYDE	SEVERN	TWEED
DERWENT	SPEY	TYNE
GREAT OUSE	TAY	URE
MEDWAY	TEES	WITHAM

 Time ....

Puzzle 42: The Name Game

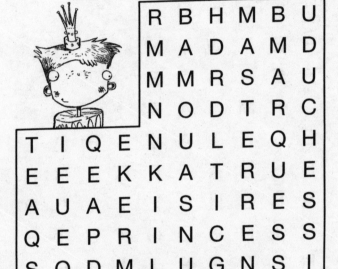

```
R B H M B U
M A D A M D
M M R S A U
N O D T R C
T I Q E N U L E Q H
E E E K K A T R U E
A U A E I S I R E S
Q E P R I N C E S S
S O D M L U G N S I
N V I S C O U N T M
```

BARON
DUCHESS
DUKE
EARL
KING
LAIRD

MADAM
MARQUESS
MASTER
MISS
MRS
PRINCESS

QUEEN
SIR
VISCOUNT

Time ....

Puzzle 43: Playing Chess

```
D A E P N R
R B T W I N
A E A G C E
O P M C A A
B O K I A M S B P G
S H C A T P B T N S
S S E H C Z T I L B
E I H R O O K U T E
H B C R E T I B R A
C T N A S S A P N E
```

ARBITER
BISHOP
BLITZ CHESS
CAPTURE
CASTLE

CHECKMATE
CHESSBOARD
EN PASSANT
GAMBIT
KING

PAWN
ROOK
TIMER
WIN

 Time ....

Puzzle 44: Medical Attention

```
      G T M R
      P A R E
      U B C T
      R L I S
Y E M G Y E T A L R B S
A D U O S T O L N U N T
P R E S C R I P T I O N
D E E M S P B P M O E E
      E I I A
      E R T C
      Y I N Y
      V R A I
```

ANTIBIOTIC
DRUG
PILL
PLASTER
PRESCRIPTION

REMEDY
SYRUP
TABLET
TISSUE
VITAMINS

Time ....

Puzzle 45: Time For Fun

```
G L L A B T O O F V
M R E A D I N G T C
S W R I T I N G O G
E I N D L I N M N E
L A S A T I P I A I
Z I Z N H U M L O L
Z E I C T M
U A T E I R
P A R W I L
W S S T C D
```

ART	PAINTING	WATCHING TV
COMPUTERS	PUZZLES	WRITING
DANCE	READING	
FOOTBALL	SWIMMING	

 Time ....

Puzzle 46: Numbers, Big And Small

```
N  N  E  S  E  V  L  E  W  T
I  E  I  N  I  O  H  L  T  H
T  N  Y  N  W  X  E  E  X  O
W  L  E  T  E  E  T  V  N  U
S  E  V  E  N  T  E  E  N  S
T  H  I  R  T  E  E  N  E  A
               U  H  W  E  T  N
               T  O  G  T  N  D
               Y  T  F  I  F  N
               T  F  I  V  E  W
```

EIGHTEEN	NINETEEN	THOUSAND
ELEVEN	ONE	TWELVE
FIFTY	SEVENTEEN	TWENTY
FIVE	SIXTEEN	TWO
FOUR	THIRTEEN	

Time ....

Puzzle 47: Things You Put On The Wall

```
N P G P R E T S O P
W G N L H D E Y H W
I N I A L R R O A K
N I V S U T T L K O
D T O T S O L R W O
O N C E G P O N N H
W I P R A W
P A A P T I
T P E R P P
H R A E S T
```

ARTWORK
COVING
HOOK
PAINTING
PHOTOGRAPH
PICTURE
PLASTER
POSTER
SIGN
TAPESTRY
WALLPAPER
WINDOW

 Time

Puzzle 48: Fluffy Animals

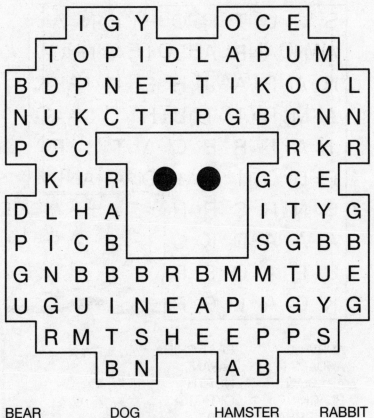

```
    I G Y       O C E
  T O P I D L A P U M
B D P N E T T I K O O L
N U K C T T P G B C N N
P C C           R K R
  K I R   ● ●   G C E
D L H A         I T Y G
P I C B         S G B B
G N B B B R B M M T U E
U G U I N E A P I G Y G
  R M T S H E E P P S
    B N       A B
```

BEAR   DOG   HAMSTER   RABBIT
CAT   DUCKLING   KITTEN   SHEEP
CHICK   GERBIL   MONKEY
CUB   GUINEA PIG   PUPPY

Time ....

Puzzle 49: All At Sea

```
S O U T H C H I N A
A N A R A B I A N C
N A P A J H E I I K
A M R T T B H T S A
I A E R B C A T I P
P D O I T I O A A L
S N R S R H
A A A D K C
C E A O E R
K C A L B R
```

ADRIATIC	EAST CHINA
ANDAMAN	JAPAN
ARABIAN	NORTH
BLACK	OKHOTSK
CARIBBEAN	RED
CASPIAN	SOUTH CHINA

 Time ....

Puzzle 50: Scary Monsters

```
O U G H O U L P A I
A P E U N D E A D M
H Z H V R I C T O O
C O E A B T T N B S
T D Z M N I S A P Z
I I O P R T N O P I
W Z A I E S O H H P
N S P R H K O M R G
R S P E C T R E P U
C W E R E W O L F S
```

BANSHEE   SPOOK
GHOST   UNDEAD
GHOUL   VAMPIRE
MONSTER   WEREWOLF
PHANTOM   WITCH
SPECTRE   WIZARD
SPIRIT   ZOMBIE

Time ....

Puzzle 51: Team Sports

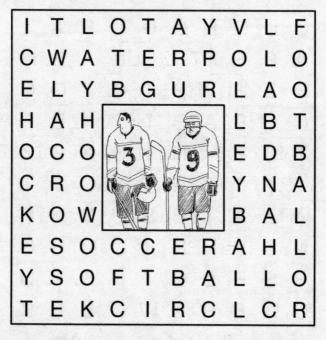

```
I  T  L  O  T  A  Y  V  L  F
C  W  A  T  E  R  P  O  L  O
E  L  Y  B  G  U  R  L  A  O
H  A  H              L  B  T
O  C  O        3  9  E  D  B
C  R  O              Y  N  A
K  O  W              B  A  L
E  S  O  C  C  E  R  A  H  L
Y  S  O  F  T  B  A  L  L  O
T  E  K  C  I  R  C  L  C  R
```

CRICKET   LACROSSE   VOLLEYBALL
FOOTBALL   RUGBY   WATER POLO
HANDBALL   SOCCER
ICE HOCKEY   SOFTBALL

 Time ....

Puzzle 52: Toy Box

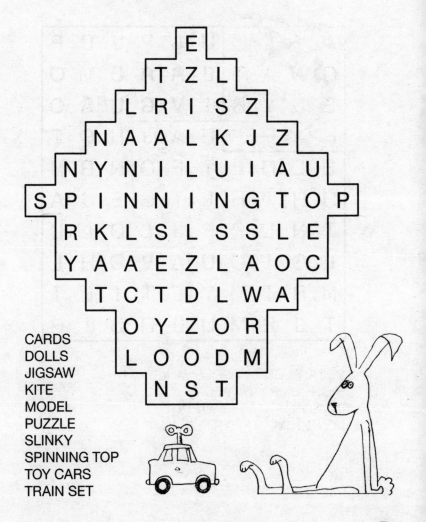

```
              E
            T Z L
          L R I S Z
        N A A L K J Z
      N Y N I L U I A U
    S P I N N I N G T O P
      R K L S L S S L E
      Y A A E Z L A O C
        T C T D L W A
          O Y Z O R
          L O O D M
            N S T
```

CARDS
DOLLS
JIGSAW
KITE
MODEL
PUZZLE
SLINKY
SPINNING TOP
TOY CARS
TRAIN SET

Time ....

Puzzle 53: Athletics

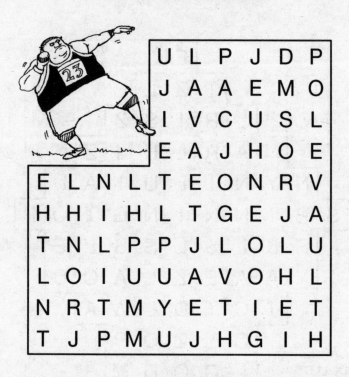

U	L	P	J	D	P
J	A	A	E	M	O
I	V	C	U	S	L
E	A	J	H	O	E
E	L	N	L	T	E	O	N	R	V
H	H	I	H	L	T	G	E	J	A
T	N	L	P	P	J	L	O	L	U
L	O	I	U	U	A	V	O	H	L
N	R	T	M	Y	E	T	I	E	T
T	J	P	M	U	J	H	G	I	H

DECATHLON   POLE VAULT
HIGH JUMP   RELAY
JAVELIN   SHOT PUT
LONG JUMP   TRIPLE JUMP

 Time ....

Puzzle 54: Natural Water Features

```
Y G N O B A L L I B
L L A F R E T A W E
A C E N S T R E A M
V E R N G N I R P S
R A S E V K B I R T
T N R T E L U V I R
      U K T E N A
      B A A R L I
      B A R L E T
      N G Y Y T N
```

BAY	REEF	STREAM
BILLABONG	RIVER	TARN
CREEK	RIVULET	TRIBUTARY
ESTUARY	SEA	WATERFALL
INLET	SPRING	
LAKE	STRAIT	

Time ....

Puzzle 55: Woodwind Instruments

```
P P R P N A T H S E
O B H E I T C A S C
P S A T C C X E L N
P X E G F O C A N P
E E P I P N R O H F
O I H H H I O D L T
O N O C N S P U E O
T N E E S R T E G R
E C T A N E F O S E
P E B P S I P O R C
```

BAGPIPES	FLUTE	RECORDER
BASSOON	HORNPIPE	SAXOPHONE
CLARINET	PICCOLO	

Puzzle 56: Breakfast Feast

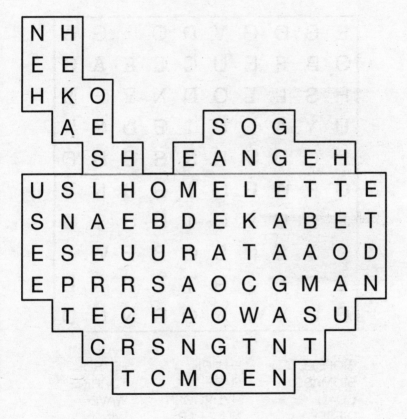

N	H									
E	E									
H	K	O								
	A	E		S	O	G				
	S	H	E	A	N	G	E	H		
U	S	L	H	O	M	E	L	E	T	T	E
S	N	A	E	B	D	E	K	A	B	E	T
E	S	E	U	U	R	A	T	A	A	O	D
E	P	R	R	S	A	O	C	G	M	A	N
	T	E	C	H	A	O	W	A	S	U
	C	R	S	N	G	T	N	T
	T	C	M	O	E	N

BACON
BAKED BEANS
CEREAL
CREPE

EGG
HASH BROWN
OMELETTE
SAUSAGE

TOAST
TOMATO

Time ....

Puzzle 57: Power Crazy

```
E G O G V D O I G W
S A F N U C L E A R
H S L L O N N V F L
U Y A L C I E U E I
P O D M B N S S D O
C R W R O I E S N V
L E U F O I B S I U
F T E N D G B E W F
L S L O R T E P L B
O O I I V O D N C D
```

BIOFUEL	FUSION	PETROL
BIOMASS	GAS	TURBINE
COAL	HYDROGEN	WAVE
DIESEL	NUCLEAR	WIND
FISSION	OIL	

 Time ....

Puzzle 58: Drink Up!

```
T A M I C I S R O C
L K I O S W O R J O
E U L H H S A U Q S
M A K I R N I T M L
O E S A G C C O E A
N L H E E O O H A R
A E A H F T
D D K F H E
E W E I S J
M E E L H T
```

COFFEE   ORANGEADE
COLA   SMOOTHIE
JUICE   SQUASH
LEMONADE   TEA
MILKSHAKE   WATER

Time ....

Puzzle 59: Farmyard Fun

```
T  F  O              P  G  H
L  U  L  O        N  D  O  C
H  L  R  A  N  S  O  E  U  R  B  U
U  N  E  K  C  I  H  C  S  M  N  E
D  O  N  K  E  Y  K  E  A  O  S  E
D  O  W  I  Y  Y  A  L  E  W  O  C
B     R  G           C  P     G
      B  C           A  G
      U  R           T  R
      L  C           A  N
      L  R  E  T  S  O  O  R
      H  K  T  K  P  I  G  N
```

BULL	COW	GOOSE	PIG
CALF	DONKEY	HEN	ROOSTER
CAT	DUCK	HORSE	SHEEP
CHICKEN	GOAT	LAMB	TURKEY

 Time ....

Puzzle 60: Christian Saints

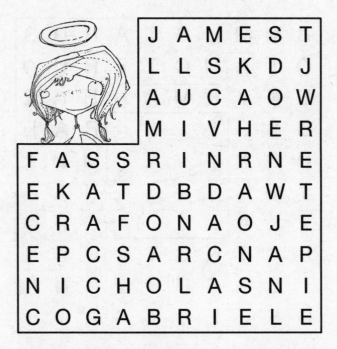

```
        J A M E S T
        L L S K D J
        A U C A O W
        M I V H E R
F A S S R I N R N E
E K A T D B D A W T
C R A F O N A O J E
E P C S A R C N A P
N I C H O L A S N I
C O G A B R I E L E
```

ANDREW	GABRIEL	NICHOLAS
ANNE	JAMES	PANCRAS
DAVID	JOAN OF ARC	PATRICK
ERASMUS	JOHN BOSCO	PETER

Time ....

Puzzle 61: Sandwich Selection

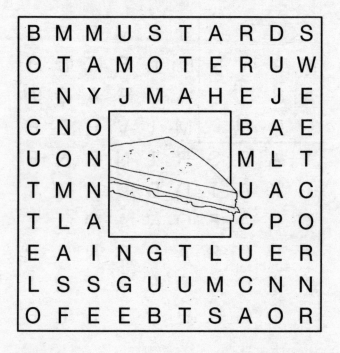

```
B M M U S T A R D S
O T A M O T E R U W
E N Y J M A H E J E
C N O         B A E
U O N         M L T
T M N         U A C
T L A         C P O
E A I N G T L U E R
L S S G U U M C N N
O F E E B T S A O R
```

CLUB	JAM	SALMON
CUCUMBER	LETTUCE	SWEETCORN
EGG	MAYONNAISE	TOMATO
HAM	MUSTARD	TUNA
JALAPENO	ROAST BEEF	

 Time ....

Puzzle 62: Shades Of Green

```
E D A J E P R A H U
M A W E D Y E N O H
E S U E R T R A H C
R P S         I R E
A A S         D E L
L R O         I V A
D A M         R O D
A G E I S E V I L O
V U D T N H E V C N
I S I E L T R Y M R
```

ASPARAGUS	HONEYDEW	OLIVE
CELADON	JADE	PEAR
CHARTREUSE	MINT	TEAL
CLOVER	MOSS	VIRIDIAN
EMERALD	MYRTLE	

Time ....

Puzzle 63: In The Back Garden

L	S	S	R	R	S
A	S	E	E	R	T
W	G	L	S	P	O
N	K	B	P	A	B

H	B	S	U	N	B	A	T	H	E
E	E	O	I	U	V	T	P	T	Z
R	L	R	S	I	W	E	A	H	A
B	P	H	N	O	S	G	A	A	G
S	E	G	M	O	R	E	T	A	W
B	U	R	H	S	E	V	A	E	L

BUSH	LEAVES	SUNBATHE
GATE	LOUNGER	TREES
GAZEBO	MOW	VEGETABLES
HERBS	PAVING	WATER
HOSE	SHRUB	
LAWN	SPRINKLER	

 Time ....

Level Three:
Advanced

Puzzle 64: Biscuit Crackers

```
I  T  S  J  D  P  O  A  R  I  A  T
S  D  U  R  A  L  E  Z  T  E  R  P
L  H  L  N  E  F  Z  R  T  K  W  I
J  A  O  A  R  I  F  H  A  A  P  E
P  N  R  R  B  E  C  A  F  C  M  V
U  O  E  L  T  I  G  E  C  T  T  I
R  O  K  S  R  C  R  N  R  A  A  T
O  R  C  A  O  E  A  A  I  O  K  S
T  A  A  H  H  R  H  K  G  G  R  E
E  C  R  I  S  P  B  R  E  A  D  G
E  A  C  L  N  O  B  R  U  O  B  I
R  M  S  F  L  A  P  J  A  C  K  D
```

BOURBON	FLAPJACK	MACAROON	RICH TEA
CRACKER	GARIBALDI	MATZO	SHORTBREAD
CRISPBREAD	GINGER NUT	OATCAKE	SHORTCAKE
DIGESTIVE	JAFFA CAKE	PRETZEL	WAFER

 Time ....

Puzzle 65: Shades Of Blue

```
D E S I O U Q R U T N A
L C U A G L A U C O U S
C M Y C I T Z N T I A E
O I D A D R U E L P L R
B D N M N A R E P K E N
A N A B I M E H N D A C
L I I R M A I I W E A U
T G S I S R W O L U E A
E H S D E I P U
G T U G R N R P
R R R E H E R I
I U P U C Y R D
```

AZURE	CYAN	IRIS	PRUSSIAN
CAMBRIDGE	ETON	MIDNIGHT	SAPPHIRE
CERULEAN	GLAUCOUS	PERIWINKLE	TURQUOISE
COBALT	INDIGO	POWDER	ULTRAMARINE

Time ....

Puzzle 66: On The Computer

```
C N R E O L K R P C R R
R A N E T W O R K O C R
O T D D B T E R D Y A R
I E M E I T D V R T B T
L K V N T D O C H L O
B D O I A D M T R C E D
M M R B R E N N A C S B
N P L I M D N N N I U K
A E V I R D D C N K O I
T E N O H P O R C I M M
N L M K E Y B O A R D T
I I I N D I D A N H A T
```

CABLE	HARD-DRIVE	MONITOR	SCANNER
CD-DRIVE	KEYBOARD	MOUSE	TABLET
DOCK	MEMORY	NETWORK	
DVD-DRIVE	MICROPHONE	PRINTER	

Time ....

Puzzle 67: Dinner Time

A	S	R	U	P	O	U	F
S	N	U	S	Z	H	U	I
P	Y	R	F	R	I	T	S
R	A	U	D	S	T	A	H

A	A	T	R	U	E	U	S	E	N	M	A
Y	Z	U	A	Y	N	Y	H	T	O	N	N
E	C	Z	S	P	G	G	P	U	O	S	D
S	H	A	I	U	A	S	S	S	D	U	C
N	E	N	T	P	S	S	K	A	L	R	H
P	E	S	S	R	A	H	T	L	E	N	I
P	E	H	U	K	L	U	I	A	S	G	P
O	T	S	A	O	R	Y	A	D	N	U	S

CURRY   NOODLES   SOUP   SUSHI
FISH AND CHIPS   PASTA   SPAGHETTI   TAPAS
LASAGNE   PIZZA   STIR FRY
MOUSSAKA   SALAD   SUNDAY ROAST

Time ....

Puzzle 68: They're All Teachers!

```
C S R E T S A M D A E H
R L E C T U R E R R R E
O A         T N R R E A
R P         N O O P C D
E I         R L R D O M
N C         L O E C A I
I N R L I E F A T E C S
A I T S S E N O C A H T
R R I N S T R U C T O R
T P U S T E A C H E R E
I O O R W O L L E F D S
C R R G O V E R N E S S
```

COACH	FELLOW	LECTURER	TRAINER
COUNSELLOR	GOVERNESS	PRINCIPAL	TUTOR
DEAN	HEADMASTER	PROFESSOR	
DOCTOR	HEADMISTRESS	TEACHER	
DON	INSTRUCTOR		

 Time ....

Puzzle 69: Fish For Dinner

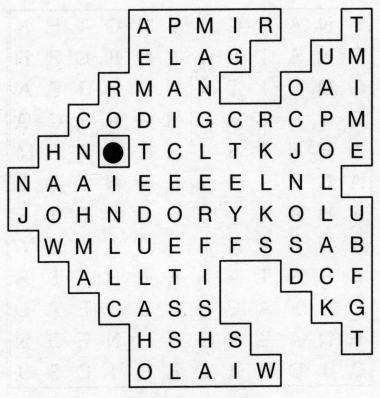

```
        A P M I R       T
          E L A G     U M
        R M A N     O A I
        C O D I G C R C P M
    H N ● T C L T K J O E
  N A A I E E E E L N L
  J O H N D O R Y K O L U
  W M L U E F F S A B
    A L L T I     D C F
    C A S S     K G
      H S H S       T
      O L A I W
```

ANGLER FISH   MONKFISH   SOLE
BASS   PERCH   TROUT
COD   PLAICE   TUNA
JOHN DORY   POLLACK   WHITING
MACKEREL   SALMON

Time ....

Puzzle 70: Languages In Europe

```
A N A I C I L A G I H N
P N A I N I A R K U N N
O O L I T H U A N I A N
E T R I N S R G N I I A
N H N T S I A I N A N I
A G S I U R D A N L O G
I H A I I G B R L E T E
T N A A N L U G A U S W
A R N T A R R E R S E R
O S F A E R O E S E A O
R N A L A T A C N E E N
C I D N A L E C I D R K
```

ALBANIAN	ESTONIAN	HUNGARIAN	PORTUGUESE
CATALAN	FAEROESE	ICELANDIC	RUSSIAN
CORNISH	GALICIAN	LITHUANIAN	SARDINIAN
CROATIAN	GREEK	NORWEGIAN	UKRAINIAN

 Time ....

Puzzle 71: Gamers' Corner

```
O T P Y G S C M E M R Y
M F L X O A X M N R E S
O I A N I B M D M A N Y
R C Y W O O E E I N A Y
O D S X I R G M G T P C
T S T T S A C M A E R D
T G A F D I E A S G A O
E M T R R A A G D N O R
G M I C R O S O F T O S
T V O D N E T N I N B E
E F N E N T G I N O Y A
S T B E M L W W G E M R
```

DREAMCAST	MEGADRIVE	PLAYSTATION
DSI	MICROSOFT	SONY
GAME BOY	NES	WII
GAME GEAR	NINTENDO	XBOX

Time ....

Puzzle 72: Plug-In Equipment

```
R  C  E  N  O  H  P  E  L  E  T  N
E  O  B  L  U  R  A  Y  R  M  O  D
T  O  A  S  T  E  R  E  E  I  D  N
A  K  R  F  L  K  Y  F  S  E  C  S
E  E  V  T  L  A  T  I  G  I  D  A
H  R  T  L  L  M  V  O  C  L  P  T
I  E  I  P  R  E           L  E
K  R  D  A  L  E           A  L
G  V  D  E  E  F           Y  L
D  I  T  Y  R  F           E  I
O  E  V  A  W  O  R  C  I  M  R  T
G  A  E  F  R  C  O  N  S  O  L  E
```

BLU-RAY	COOKER	HEATER	SATELLITE
CD PLAYER	DIGITAL TV	KETTLE	TELEPHONE
COFFEE MAKER	DVD PLAYER	MICROWAVE	TELEVISION
CONSOLE	GRILL	RADIO	TOASTER

 Time ....

Puzzle 73: Feeling Sleepy

```
M
A   E   R   T   N                               B
R   M   E                                       E
D   T   I                                       D
F   O   R   T   Y   W   I   N   K   S   U   E
Y   F   Z   A   K   A   A   S   S   V   A   Y
S   Y   T   E   N   C   E   T   E   A   A   E
W   Y   T   P   A   C   A   T   S   E   R   T
O   M   A   T   T   R   E   S   S   E   O   U
R   N   O   I   T   A   N   R   E   B   I   H
D                                               S
```

BED	DUVET	NAP	SIESTA
DOZE	FORTY WINKS	REST	TRANCE
DREAM	HIBERNATION	SACK TIME	
DROWSY	MATTRESS	SHUT EYE	

Time ....

Puzzle 74: Musical Instruments

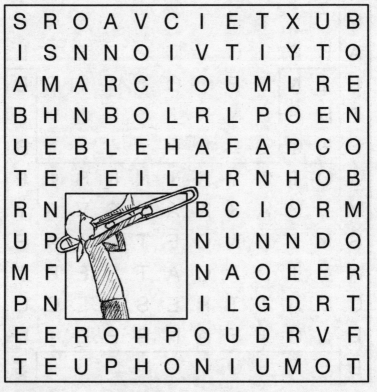

```
S  R  O  A  V  C  I  E  T  X  U  B
I  S  N  N  O  I  V  T  I  Y  T  O
A  M  A  R  C  I  O  U  M  L  R  E
B  H  N  B  O  L  R  L  P  O  E  N
U  E  B  L  E  H  A  F  A  P  C  O
T  E  I  E  I  L  H  R  N  H  O  B
R  N        B  C  I  O  R  M
U  P        N  U  N  N  D  O
M  F        N  A  O  E  E  R
P  N        I  L  G  D  R  T
E  E  R  O  H  P  O  U  D  R  V  F
T  E  U  P  H  O  N  I  U  M  O  T
```

CLARINET	FRENCH HORN	TROMBONE	XYLOPHONE
CORNET	ORGAN	TRUMPET	
DOUBLE BASS	PIANO	TUBA	
EUPHONIUM	RECORDER	VIOLA	
FLUTE	TIMPANI	VIOLIN	

 Time ....

Puzzle 75: Types Of Pen

```
E E L I B T T D A S H R
A B P R C I M P P T I L
C L A T E I O I W I G E
I R G L N K T D R G H L
F R O L L E R B A L L R
W O I W R P N A F N I A
M L U B Q N O A M E G I
R B I N L U B I M E H R
G F E L T T I P N R T A
U E R A S A B L E T E E
E I R Q B K I E L E R P
L E T I O G D N S F L I
```

BALLPOINT
CROW QUILL
DIP
ERASABLE
FELT TIP

FIBRE TIP
FOUNTAIN
HIGHLIGHTER
MARKER
PERMANENT

REED
ROLLER BALL

Time ....

Puzzle 76: Gemstones

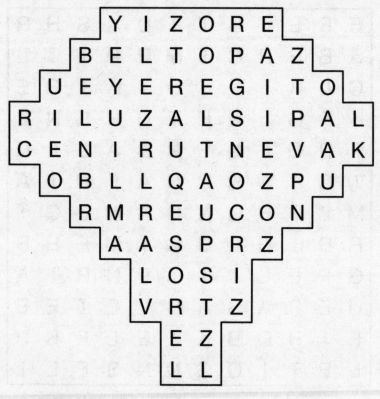

```
      Y I Z O R E
    B E L T O P A Z
  U E Y E R E G I T O
R I L U Z A L S I P A L
C E N I R U T N E V A K
  O B L L Q A O Z P U
  R M R E U C O N
    A A S P R Z
    L O S I
    V R T Z
      E Z
      L L
```

AMBER	LAPIS LAZULI	RUBY
AVENTURINE	OPAL	TIGEREYE
CORAL	PEARL	TOPAZ
KUNZITE	ROSE QUARTZ	ZIRCON

 Time ....

Puzzle 77: Shades Of Pink

```
H A P O M P A D O U R G
S F S A A T S N M I C N
R A R A N E C O R A L I
H S H E L L P I N K N K
N C G T N M T T S N U C
I A A A N C O A P O Y O
M S I E I A H N U C E H
P O H S P S R R L O S S
      R A H A O R I E
      C E M C M S R C
      M E P N U A E U
      N T L A T F C P
```

AMARANTH	CYCLAMEN	MAGENTA	PUCE
CARNATION	FRENCH ROSE	PEACH	SALMON
CERISE	FUCHSIA	PERSIAN	SHELL PINK
CORAL	HOT	POMPADOUR	SHOCKING

Time ....

Puzzle 78: Types Of Plant

```
N P B U R H S U B R L N
A I G N D N S U C A S E
D I E N S E O U T E I F
O S G V N E M B G C T L
R L N P E R E N N I A L
C N E L G G R D I C B C
R N C U N R E F L L F T
A C F B W E A T P I C E
S G N E R V I S A M N P
L B G T G E I T S B N G
V E V R F L H N E E L T
V D I E F L O W E R R E
```

BUSH	FERN	MOSS	SHRUB
CACTUS	FLOWER	PERENNIAL	TREE
CLIMBER	GRASS	SAPLING	VEGETABLE
EVERGREEN	HERB	SEEDLING	VINE

 Time ....

Puzzle 79: Famous Queens

```
V A V I C T O R I A T R
V L S L O O Y A N I L R
E N I L O R A C A N H V
G N T A A B R R C A T F
H U O M E I T T C T E L
L N I H C A E A I I B I
U E S N P L H E D T A E
L C B O E E C A U B Z U
O E E A L V S B O R I A
B L N E S P E R B I L N
C O N I T I T R E F E N
R V E P O L E N E P N E
```

ANNE   ELEANOR   ISABEL   PERSEPHONE
BOUDICCA   ELIZABETH   MARY   SHEBA
CAROLINE   GUINEVERE   NEFERTITI   TITANIA
CLEOPATRA   HELEN   PENELOPE   VICTORIA

Time ....

Puzzle 80: Jackets, Coats And More

```
            E R N D
            C T H I
      K A A B A Z N A T O
      R M M A O O P N C R V O
      A W I N D C H E A T E R
      C B   O Y H A R G   R E
      L O   R W C R J O   A L
      E F   A A N E A U   L O
      F E   K R E Z C L   L B
      F A   R M R A K E   P E
      U A   A E T L E I   Y N
      D P   P R E B T E   O T
```

ANORAK	CAPE	PARKA
BLAZER	DINNER JACKET	RAIN
BODY-WARMER	DUFFEL	TRENCH COAT
BOLERO	MAC	WINDCHEATER
CAGOULE	OVERALL	

 Time ....

Puzzle 81: Entertaining Events

```
Y T H E A T R E R T E P
M S R C O N C E R T C U
E P A O K E         M P
F K A K P E         A P
E I O N F S         G E
Y L R A T P         I T
W D A E R O B A T I C S
Y I E C W A M D T I I H
T W M M I O K I R R A O
R I A F O S R C M K N W
A M E N I C U K M E C I
P L A Y W S I M S I W O
```

AEROBATICS   FAIR   PANTOMIME   SPORT
CINEMA   FIREWORKS PARTY   THEATRE
CIRCUS   KARAOKE   PLAY
COMEDY   MAGICIAN   PUPPET
CONCERT   MUSICAL   SHOW

Time ....

Puzzle 82: Pets In A Pickle

```
I  T  O  R  R  A  P  R  I  P  A  E
T  R  P  Y  E  C  A  T  K  C  U  D
P  I  A  H  E  T  H  E  M  R  B  R
D  G  M  G  S  K  S  I  D  I  U  A
P  U  L  O  R  I  N  M  C  O  D  Z
U  A  I  A  O  T  F  O  A  K  G  I
P  N  B  T  H  T  L  D  E  H  E  L
P  A  R  A  K  E  E  T  L  G  R  N
Y  O  E  P  O  N  Y  B  E  O  I  S
T  C  G  I  P  A  E  N  I  U  G  P
P  C  H  I  N  C  H  I  L  L  A  U
F  E  R  R  E  T  I  B  B  A  R  D
```

BUDGERIGAR	FERRET	HORSE	PIGEON
CAT	GERBIL	IGUANA	PONY
CHICKEN	GOAT	KITTEN	PUPPY
CHINCHILLA	GOLDFISH	LIZARD	RABBIT
DOG	GUINEA PIG	PARAKEET	RAT
DUCK	HAMSTER	PARROT	TORTOISE

 Time ....

Puzzle 83: London Train Stations

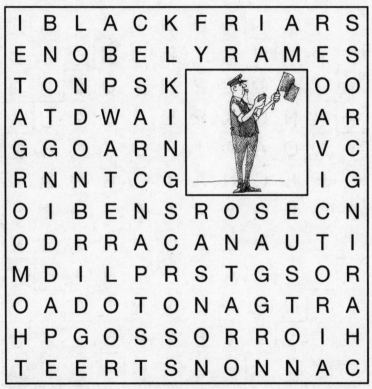

```
I B L A C K F R I A R S
E N O B E L Y R A M E S
T O N P S K     O O
A T D W A I     A R
G G O A R N     V C
R N N T C G     I G
O I B E N S R O S E C N
O D R R A C A N A U T I
M D I L P R S T G S O R
O A D O T O N A G T R A
H P G O S S O R R O I H
T E E R T S N O N N A C
```

BLACKFRIARS   KING'S CROSS   PADDINGTON
CANNON STREET   LONDON BRIDGE   ST PANCRAS
CHARING CROSS   MARYLEBONE   VICTORIA
EUSTON   MOORGATE   WATERLOO

Time ....

Puzzle 84: Shapes Go Ape

```
      A N S T
    N R T E Q M
  E O E P H G U E
N N N K P E R I A I
Y X O A A I P O Z N R N
N E L G N A T C E R O E
E O E O Y A A E P G E E
I L G N E L G N A I R T
  O C A A L O T R A R
  Q R X L N P T A
    S I E I E E
      P C H H
```

CIRCLE	NONAGON	
HEART	PENTAGON	
HEPTAGON	POLYGON	
HEXAGON	RECTANGLE	TRAPEZIUM
KITE	SQUARE	TRIANGLE

 Time ....

Puzzle 85: Relatively Speaking

```
O D D U B H E N R E E E
W A L N I R E H T O M D
D A N I S U O C L U N A
U N L S A U N T M M N G
G R A N D M O T H E R U
I G L B I A S S P E I R
N U E H S R U H E D R S
U E L C N U E G A D I U
      E W H H H S R G
      M I R P T T R L
      R F N E O A E T
      A E R E E L F R
```

AUNT	DAUGHTER	MOTHER-IN-LAW	SISTER
BROTHER	FATHER-IN-LAW	MUM	SON
COUSIN	GRANDMOTHER	NEPHEW	UNCLE
DAD	HUSBAND	NIECE	WIFE

Time ....

Puzzle 86: Reptiles Roundup

```
C O I N D L C A I M A N
R L K N I K S T C T O A
O N A Z U P O H R G K S
C R A I C R A O A O C D
O R O O T M T R A E E A
D O U O E A D N R E G R
I R I L G O A Y N E S I
L S E I D U N D A L T G
E O L O G T N E U T G G
N L M I S K L V I R L O
A O A I O A L I R U O D
K N E K A N S L L T U I
```

ALLIGATOR	IGUANA	TERRAPIN
CAIMAN	KOMODO DRAGON	THORNY DEVIL
CHAMELEON	LIZARD	TORTOISE
CROCODILE	SKINK	TURTLE
GECKO	SNAKE	

 Time ....

Puzzle 87: Sports To Try

```
A  S  U  S  F  E  K  Y  J  U  D  O
A  E  G  I  H  O  T  T  B  N  R  L
S  I  A  N  R  A  O  A  E  G  L  E
H  O  I  N  I  I  N  T  R  A  U  B
S  O  B  E  C  L  B  D  B  A  G  R
A  C  I  T  S  A  C  T  B  A  K  M
U  R  V  O  L  L  E  Y  B  A  L  L
Q  I  D  L  E  K  C  G  C  N  L  L
S  C  I  T  S  A  N  M  Y  G  L  L
B  K  B  A  D  M  I  N  T  O  N  M
H  E  B  C  Q  R  U  N  N  I  N  G
S  T  S  U  H  O  C  K  E  Y  C  I
```

BADMINTON	FOOTBALL	JUDO	RUNNING
BASKETBALL	GYMNASTICS	KARATE	SQUASH
CRICKET	HANDBALL	NETBALL	TENNIS
CYCLING	HOCKEY	RUGBY	VOLLEYBALL

Time ....

Puzzle 88: Flower Power

```
      L L I           H S I
    T U L I P       C T S R S
    S S D A D   R O S E I R
    U R S S O C R L S S
      N F I K F N E A
  L S T F L ● ● F Y T E T
  R E W O L F L A W S D
  P O P P Y O I O D D I A
    Y R   R L W W   H A
      W A T R E C
      C M N F R R
        A F O P
```

AMARYLLIS	LILAC	STOCK
ASTER	LILY	SUNFLOWER
CORNFLOWER	ORCHID	TULIP
DAFFODIL	POPPY	WALLFLOWER
IRIS	ROSE	

 Time ....

Puzzle 89: Roast Dinner

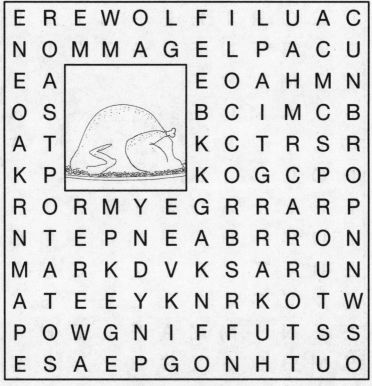

```
E R E W O L F I L U A C
N O M M A G E L P A C U
E A       E O A H M N
O S       B C I M C B
A T       K C T R S R
K P       K O G C P O
R O R M Y E G R R A R P
N T E P N E A B R R O N
M A R K D V K S A R U N
A T E E Y K N R K O T W
P O W G N I F F U T S S
E S A E P G O N H T U O
```

BEEF	CHICKEN	PARSNIP	SPROUTS
BROCCOLI	GAMMON	PEAS	STUFFING
CARROT	GRAVY	PORK	SWEDE
CAULIFLOWER	LAMB	ROAST POTATO	TURKEY

Time ....

Puzzle 90: London Underground Lines

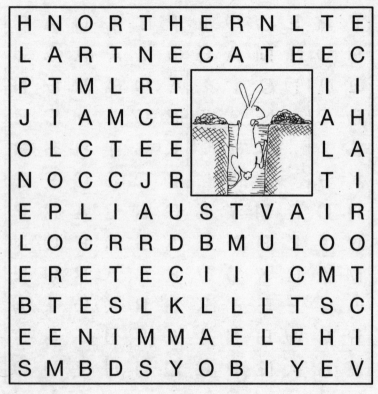

```
H N O R T H E R N L T E
L A R T N E C A T E E C
P T M L R T        I I
J I A M C E        A H
O L C T E E        L A
N O C C J R        T I
E P L I A U S T V A I R
L O C R R D B M U L O O
E R E T E C I I I C M T
B T E S L K L L L T S C
E E N I M M A E L E H I
S M B D S Y O B I Y E V
```

BAKERLOO   HAMMERSMITH   PICCADILLY
CENTRAL   JUBILEE   VICTORIA
CIRCLE   METROPOLITAN
DISTRICT   NORTHERN

 Time ....

Puzzle 91: Types Of Book

```
I N G U I D E B O O K S
S O H N F E C N A M O R
O N I C I I A E C B E T
C F S N C F M H I F E R
L I T C S I I O E X E A
A C O S R L G R T L E E
S T R C D R E B L A F N
S I Y R A N O I T C I D
I O E P C O R L
C N H E K H A T
S Y R E T S Y M
H F A N T A S Y
```

ATLAS	CRIME	HISTORY	ROMANCE
BIOGRAPHY	DICTIONARY	MYSTERY	SCI-FI
CHILDREN'S	FANTASY	NON FICTION	TEXTBOOK
CLASSICS	GUIDEBOOK	REFERENCE	THRILLER

Time

Puzzle 92: Animal Safari

```
            A H G N U S
          W I I C I K U E
          L A P P I R M N
          E A N I A R A E
          W T K T E K T F
  R H I N O C E R O S F O
  H Y L A E K A L P R O E
  O E D H T O E J O A Y H
  F N D P A A T R P P N X
  F A O E Y D R A P O E L
          G L       R I
          C E       L H
```

ANTELOPE	GNU	ORYX
ELEPHANT	JACKAL	OSTRICH
HIPPOPOTAMUS	LEOPARD	RHINOCEROS
HYENA	LION	WILD DOG
GIRAFFE	OKAPI	

 Time ....

Puzzle 93: Football Clubs

```
R Y T I C L O T S I R B
R A O S I D D T T I C V
A L L I V N O T S A N N
E E L T S A C W E N A M
N K W I I L D A C G A W
O M O N V R W A I H A C
T R S T O E R W L C R H
L L H F S D R U L I S E
O C T T I N F P T W E L
B A H F S U O L O R N S
W A F N B S B F A O A E
M H S E V E R T O N L A
```

ARSENAL	CARDIFF	NEWCASTLE	WATFORD
ASTON VILLA	CHELSEA	NORWICH	WEST HAM
BOLTON	EVERTON	STOKE	WIGAN
BRISTOL CITY	FULHAM	SUNDERLAND	
	LIVERPOOL		

Time ....

Puzzle 94: UK Prime Ministers

```
G M A C D O N A L D C G
C D A S Q U I T H N A L
T H O C H U R C H I L L
R B A U M E D E N W L O
I E A M G I A T R D A Y
A C H L B L L T H L G D
L C A C F E A L H A H G
B T E T T O R S A B A E
      T A U L H N N O
      C L H R A O D R
      B L E T A I M G
      C A M E R O N E
```

ASQUITH	CAMERON	LLOYD GEORGE
ATTLEE	CHAMBERLAIN	MACDONALD
BALDWIN	CHURCHILL	MACMILLAN
BALFOUR	DOUGLAS-HOME	THATCHER
BLAIR	EDEN	
CALLAGHAN	HEATH	

 Time ....

Puzzle 95: Gone Camping

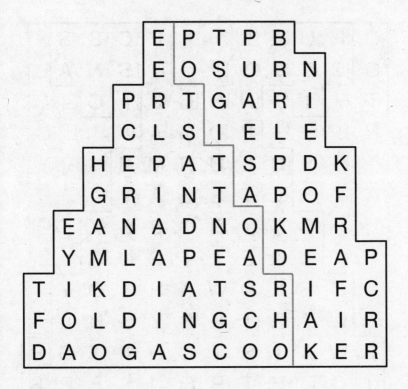

```
      E P T P B
      E O S U R N
    P R T G A R I
    C L S I E L E
  H E P A T S P D K
  G R I N T A P O F
E A N A D N O K M R
Y M L A P E A D E A P
T I K D I A T S R I F C
F O L D I N G C H A I R
D A O G A S C O O K E R
```

BUG SPRAY	GAS COOKER	ROPE
CAMP SITE	LANTERN	STAKE
FIRST-AID KIT	PEG	TENT
FOLDING CHAIR	POTS AND PANS	TORCH

Time ....

Puzzle 96: Clothing Conundrum

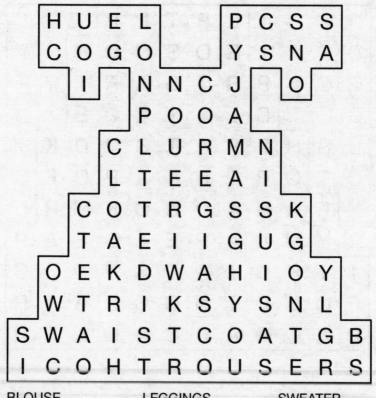

```
H U E L       P C S S
C O G O       Y S N A
  I   N N C J   O
      P O O A
      C L U R M N
      L T E E A I
    C O T R G S S K
    T A E I I G U G
  O E K D W A H I O Y
  W T R I K S Y S N L
S W A I S T C O A T G B
I C O H T R O U S E R S
```

BLOUSE	LEGGINGS	SWEATER
CARDIGAN	PYJAMAS	TROUSERS
CLOAK	SARONG	T-SHIRT
KIMONO	SKIRT	WAISTCOAT

 Time ....

Puzzle 97: All Amphibians

```
R E D N E B L L E H D L
D P R I R O T O D W G F
G O L G G O E L A T O T
G O R F L A E R O B R A
U B T O E E F O T E F M
O T X T O S F T E E F U
X A A G I E R F F E A D
O H N R D T R T I B E P
A O E A D O E A W W L U
C N P F G F O F D E P P
S S C A E C I L I A N P
G O R F E U R T M E D Y
```

ARBOREAL FROG   HELLBENDER   OLM
AXOLOTL   LEAF FROG   SPADEFOOT
CAECILIAN   MIDWIFE TOAD   TREE FROG
CONGO EEL   MUD PUPPY   TRUE FROG
DWARF SIREN   NEWT

Time ....

Puzzle 98: Dogs, Dogs, Dogs

```
N D N U O H Y E R G M R
N P O I N T E R F O D H
A F G H A N H O U N D R
I B N L E U X N U N O E
T O R U O H T O U T B V
A X A M O A H O T S E E
M E P U I N H W A E R I
L R N N A D E L T I M R
A D D Z O I U U D L A T
D O I O L K P H C L N E
G B L E I N A P S O H R
I B R E Z U A N H C S I
```

AFGHAN HOUND	FOXHOUND	ROTTWEILER
BLOODHOUND	GREYHOUND	SALUKI
BOXER	IBIZAN HOUND	SCHNAUZER
COLLIE	MOUNTAIN DOG	SPANIEL
DALMATIAN	POINTER	
DOBERMAN	RETRIEVER	

 Time ....

Puzzle 99: Brass Instruments

```
N U U M G U N R U R G N
R R T R U M P E T R T R
H B O E E I T E R T O H
N R O H H C N E R F U T
O R R G L O L O N M G E
O G P F R E M O H R R E
T E T H O B G P E P O U
T E O T O P U U O N U C
T R R N N E H G L R P E
N U E H R N R O L F L M
N I M O U P E H M E G M
T R L O L H R G T R U H
```

BUGLE   FRENCH HORN
CORNET   TENOR HORN
EUPHONIUM   TROMBONE
FLUGELHORN   TRUMPET

Time ....

Puzzle 100: Magic Tricks

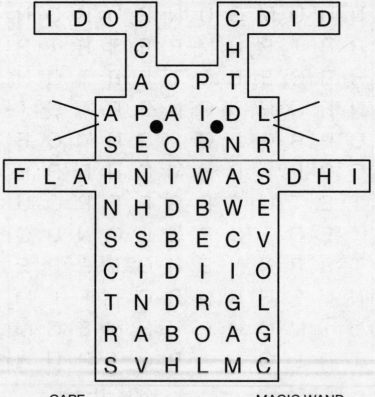

```
I D O D       C D I D
      C       H
    A O P   T
  A P A I D L
  S E O R N R
F L A H N I W A S D H I
  N H D B W E
  S S B E C V
  C I D I I O
  T N D R G L
  R A B O A G
  S V H L M C
```

CAPE
CARDS
COINS
DICE
GLOVES
HAT

MAGIC WAND
RABBIT
SAW IN HALF
VANISH

Time ....

Puzzle 101: In The Kitchen

```
P K N I F E R G E S N E
P U G I G J U U R S S P
R A C R P S A J E E E S
E E L G A G N G V R L T
X N N U N T N N A P A R
I N O E T I E I E C C A
M A L O P A R R L I S I
R R C A P O P U C L O N
    D S N S S R O E
    I L A A I A N R
    N P E E C G E T
    I I E M T P R M
```

CAN OPENER	LADLE	SCALES
CLEAVER	MEASURING CUP	SPATULA
GARLIC PRESS	MEASURING JUG	STRAINER
GRATER	MIXER	TEASPOON
KNIFE	ROLLING PIN	

Time ....

Puzzle 102: Playing Music

E	T	E	O	T	A	C	C	A	T	S	B
D	R	I	A	D	A	B	E	T	N	E	T
D	E	U	L	B	N	L	S	R	E	S	E
I	B	B	T	A	A	E	F	F	C	E	H
M	L	G	D	A	R	S	C	A	C	M	C
I	E	O	U	U	N	U	S	S	A	I	T
N	C					G	T	C	E	B	O
U	L					C	I	A	L	R	R
E	E					Y	L	S	N	E	C
N	F					E	R	H	Y	V	F
D	I	R	E	V	A	U	Q	I	M	E	S
O	I	G	G	E	P	R	A	H	S	E	K

ACCENT	DIMINUENDO	SEMIQUAVER
ARPEGGIO	FLAT	SHARP
BASS CLEF	KEY SIGNATURE	STACCATO
CODA	NATURAL	TREBLE CLEF
CRESCENDO	REST	
CROTCHET	SEMIBREVE	

 Time ....

Puzzle 103: In The Bathroom

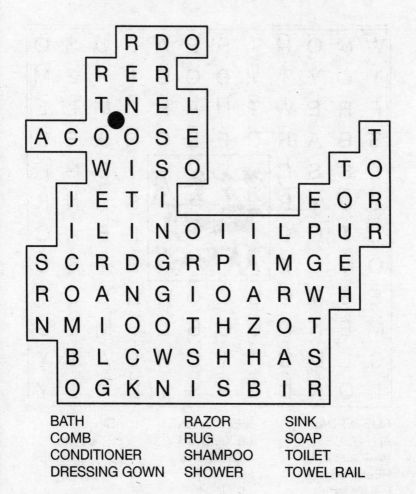

		R		D		O		
		R	E		R			
		T	N		E		L	
A	C	O	O		S		E	
		W	I		S		O	
	I	E	T		I			
	I	L	I	N	O	I	I	L
S	C	R	D	G	R	P	I	M	G
R	O	A	N	G	I	O	A	R	W
N	M	I	O	O	T	H	Z	O	T
	B	L	C	W	S	H	H	A	S
	O	G	K	N	I	S	B	I	R

BATH RAZOR SINK
COMB RUG SOAP
CONDITIONER SHAMPOO TOILET
DRESSING GOWN SHOWER TOWEL RAIL

Time ....

Puzzle 104: Olympic Cities

```
W M O N T R E A L O S O
Y C Y T I C O C I X E M
P R E W T N A H K M L L
S B A R C E L O N A E O
L S S C       I D G H
S U Y R       S R N K
L T O O       L E A C
O M L E       E T S O
E S M O S C O W H S O T
M E N R U O B L E M L S
C L M U N I C H L A I Y
L O N D O N S Y D N E Y
```

AMSTERDAM	MELBOURNE	SEOUL
ANTWERP	MEXICO CITY	ST LOUIS
BARCELONA	MONTREAL	STOCKHOLM
HELSINKI	MOSCOW	SYDNEY
LONDON	MUNICH	
LOS ANGELES	ROME	

 Time ....

Puzzle 105: Train Ride

```
R R O A R E T U R N K S
N O I T A L L E C N A C
O R G U A R D R I V E R
I N T E R C I T Y A P T
T S S A L C T S R I F A
A I S S E R P X E I F   N
N N C C L I           O
I G I K R D           R
T L A T E L           E
S E Y L T T           P
E A A S T L O C A L U T
D Y S E A S O N P A S S
```

CANCELLATION   FIRST CLASS   SINGLE
DAY TRIP   GUARD   STATION
DELAY   INTERCITY   SUPER OFF-PEAK
DESTINATION   LOCAL   TICKET
DRIVER   RETURN
EXPRESS   SEASON PASS

Time ....

Puzzle 106: Types Of Trees

```
S  S  L        H  S        Y  Y
E  E  U  C  A  L  Y  P  T  U  S
S  Q  K  S  I  E  C  U  R  P  S
H  U  H  A  L  W  A  L  N  U  T  M
   O  G  P  O  S  M  R  E  D  L  E
H  I  P  A  N  S  O     M  A  T
F  A  F     G  E  R     P  S
         A  R  E
         M  P  I
      C  I  Y  D  F
      N  E  C  P  L
C  H  E  S  T  N  U  T  M  E  G  T
```

APPLE	ELDER	MAGNOLIA	SEQUOIA
ASH	EUCALYPTUS	OAK	SPRUCE
CHESTNUT	FIG	PALM	SYCAMORE
CYPRESS	FIR	PINE	WALNUT

 Time ....

Puzzle 107: Opposites

```
L L W A P G H S H Y G L
E L O P O N E A H D R E
D R L O S H       Y T
U O D U O L       O O
R W R A F Y       U I
O D Y E T A       N L
R E U P L S T A L L G R
R N M A P E H N H I E O
A E R O W A G O I G A H
S A D H R S H G R H I I
K R A D U Q U I E T T H
L D B N N D L G R R L D
```

BAD   EMPTY   HAPPY   LOUD
GOOD   FULL   SAD   QUIET
DARK   FAR   HARD   YOUNG
LIGHT   NEAR   SOFT   OLD
DRY   FAT   HIGH   SHORT
WET   THIN   LOW   TALL

Time ....

Puzzle 108: Pantomime Characters

```
A F G E D B P D
S L L O T I L A
S R A O L I B M
N K E D W D H E
O S S T D D I W A E D C
W G R E S I A L W U U E
Q P U S S I N B O O T S
U B N D J U S K G C N Y
E N C S O U B Y C I K S
E D S A B A B I L A B S
N A P R E T E P U G J S
A L L E R E D N I C U A
```

ALADDIN	DAME	PUSS IN BOOTS
ALI BABA	GOLDILOCKS	SNOW QUEEN
BEAUTY	JACK	SNOW WHITE
BIG BAD WOLF	NURSE	UGLY SISTERS
CINDERELLA	PETER PAN	

 Time ....

Puzzle 109: Easter Time

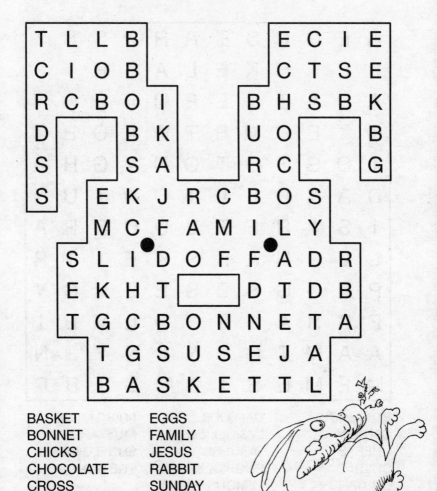

```
T  L  L  B              E  C  I  E
C  I  O  B              C  T  S  E
R  C  B  O  I        B  H  S  B  K
D        B  K        U  O        B
S        B  S  A     R  C        G
S     E  K  J  R  C  B  O  S
   M  C  F  A  M  I  L  Y
   S  L  I  D  O  F  F  A  D  R
   E  K  H  T        D  T  D  B
   T  G  C  B  O  N  N  E  T  A
   T  G  S  U  S  E  J  A
   B  A  S  K  E  T  T  L
```

BASKET	EGGS
BONNET	FAMILY
CHICKS	JESUS
CHOCOLATE	RABBIT
CROSS	SUNDAY
DAFFODILS	TOMB

Time ....

Puzzle 110: Everything's Yellow

```
G E C U S T A R D S S T
F L I H K E L A B R Y E
A U A T C E F U E E G N
O T B E M F T W E G B C
T O G O O T O N Y G H A
D A N D E L I O N I U N
I S I R F R L U C D R A
L L C N A K S K E I I R
P U U G S E S E E H C Y
P S R A H R Y O L M E I
A A M T O C N L N Y R N
M F M U S T A R D T R R
```

BUTTERCUP	DAFFODIL	MARGARINE
CANARY	DANDELION	MUSTARD
CHEESE	DIGGERS	SUNFLOWERS
CHICKS	EGG YOLK	THE SUN
CUSTARD	LEMONS	

 Time ....

Puzzle 111: On The Move

```
I  S  A  G  O  N  D  O  L  A  T  A
B  C  A  R  A  V  A  N  E  C  N  L
T  O  I  L  H  H  T  N  H  E  E  N
C  O  A  C  H  E  A  A  L  N  I  E
C  T  L  T  R  L  R  C  I  A  K  B
A  E  O  E  P  I  Y  S  R  I  I  C
R  R  R  O  O  C  U  T  B  C  O  E
R  I  R  T  I  O  I  R  Y  R  M  S
I  E  Y  N  M  P  O  C
A  E  U  I  I  T  L  I
G  B  L  H  O  E  O  R
E  K  S  M  M  R  E  L
```

AEROPLANE	CARRIAGE	HELICOPTER	SCOOTER
BICYCLE	CHARIOT	LIMOUSINE	SHIP
BOAT	COACH	LORRY	TRAIN
CARAVAN	GONDOLA	MOTORBIKE	UNICYCLE

Time ....

Puzzle 112: Edible Berries

```
S  L  L  B  B  E  C  R  S  S  G  B
Y  E  E  L  L  B  B  R  T  R  L  E
G  R  R  R  A  R  E  R  A  U  B  A
L  O  R  T  C  R  A  S  E  R  Y  C
D  R  O  E  K  W  P  B  O  R  R  Y
E  B  R  S  B  B  E  E  R  A  R  C
R  Y  C  E  E  R  R  Y  N  R  E  S
Y  R  R  R  R  B  E  B  S  B  B  S
L  R  R  Y  R  A  E  D  A  B  L  R
Y  Y  B  A  Y  R  R  R  L  L  I  R
R  C  Y  E  R  R  P  A  R  E  B  Y
R  B  Y  Y  B  E  A  E  Y  Y  Y  P
```

BILBERRY   CRANBERRY   RASPBERRY
BLACKBERRY   ELDERBERRY   STRAWBERRY
BLUEBERRY   GOOSEBERRY

 Time ....

Puzzle 113: Types Of Shoe

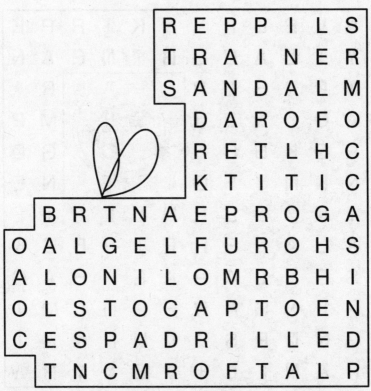

		R	E	P	P	I	L	S
		T	R	A	I	N	E	R
		S	A	N	D	A	L	M
		D	A	R	O	F	O	
		R	E	T	L	H	C	
		K	T	I	T	I	C	
B	R	T	N	A	E	P	R	O	G	A
O	A	L	G	E	L	F	U	R	O	H	S
A	L	O	N	I	L	O	M	R	B	H	I
O	L	S	T	O	C	A	P	T	O	E	N
C	E	S	P	A	D	R	I	L	L	E	D
T	N	C	M	R	O	F	T	A	L	P	

BALLET	COURT	MOCCASIN	SLIPPER
BOOT	ESPADRILLE	PLATFORM	SNEAKER
CAP TOE	FLIP-FLOP	PUMP	STILETTO
CLOG	HIGH HEEL	SANDAL	TRAINER

Time ....

Puzzle 114: Feeling Great

```
R V B U F Y N K I R P K
Y I L A U G H I N G A N
I P A G L P         R I
W O L N L J         M P
H O K U O R         G D
N K N Y F G         N E
I K O D B R N L L R I L
W U A F E H E I P D Z K
S G R L A R A E K H A C
P F N G N N F P H L M I
G N D R S D L U P C A T
P A N L L I V E L Y R W
```

AMAZING
CHEERFUL
FULL OF BEANS
HAPPY
JOYOUS

LAUGHING
LIVELY
TICKLED PINK
WALKING ON AIR
WONDERFUL

 Time ....

Puzzle 115: Orchestral Instruments

E	N	I	I	S	P	A	N	P	E	T	I
A	T	N	A	O	C	R	V	R	L	O	L
I	N	U	N	E	T	I	D	A	L	I	L
V	I	O	L	I	N	R	O	H	A	O	T
P	T	L	O	F	O	O	U	S	O	O	A
S	O	F	T	S	P	T	B	M	L	T	V
P	L	T	F	I	S	O	L	M	P	I	A
P	R	O	O	I	M	A	E	E	O	E	V
O	E	L	S	E	E	P	B	L	C	R	T
M	B	T	E	N	I	R	A	L	C	T	T
M	S	O	C	E	N	O	S	N	N	C	R
N	S	P	E	R	C	U	S	S	I	O	N

BASSOON	HARP	TROMBONE
CELLO	HORN	TRUMPET
CLARINET	OBOE	VIOLA
DOUBLE BASS	PERCUSSION	VIOLIN
FLUTE	TIMPANI	

Time ....

Puzzle 116: Burger Toppings

```
N L N E K C I H C T
G G E D E I R F B G M V
I R E S O O P O E H K T
    U E I I T T E E
    A V O C A D O T R B
    T O K M R N C R K S
    L O A E H N O I
    E T T P U P T O N I
    S A P T N R T Y
    U L H S I L E R F A
M A S R M O O R H S U M
J S S L T E C U T T E L
```

AVOCADO	FRIED EGG	LETTUCE	MUSTARD
BEEF	GHERKIN	MAYONNAISE	PICKLE
BEETROOT	JALAPENO	MINT	RELISH
CHICKEN	KETCHUP	MUSHROOM	TOMATO

 Time ....

Level Four:
Ace Puzzlers

Puzzle 117: Board Games In The Box

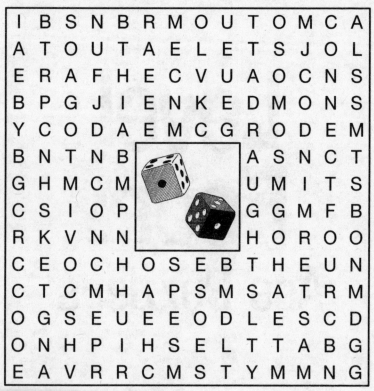

I	B	S	N	B	R	M	O	U	T	O	M	C	A
A	T	O	U	T	A	E	L	E	T	S	J	O	L
E	R	A	F	H	E	C	V	U	A	O	C	N	S
B	P	G	J	I	E	N	K	E	D	M	O	N	S
Y	C	O	D	A	E	M	C	G	R	O	D	E	M
B	N	T	N	B					A	S	N	C	T
G	H	M	C	M					U	M	I	T	S
C	S	I	O	P					G	G	M	F	B
R	K	V	N	N					H	O	R	O	O
C	E	O	C	H	O	S	E	B	T	H	E	U	N
C	T	C	M	H	A	P	S	M	S	A	T	R	M
O	G	S	E	U	E	E	O	D	L	E	S	C	D
O	N	H	P	I	H	S	E	L	T	T	A	B	G
E	A	V	R	R	C	M	S	T	Y	M	M	N	G

BACKGAMMON	DRAUGHTS	MONOPOLY
BATTLESHIP	LUDO	REVERSI
CHESS	MAH-JONG	
CONNECT FOUR	MASTERMIND	

 Time ....

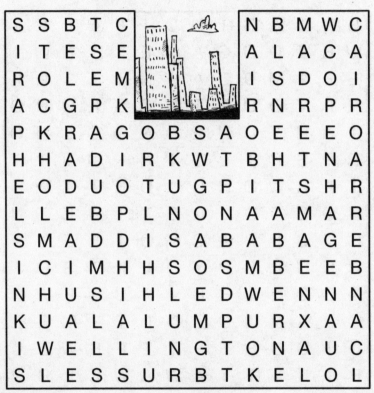

Puzzle 118: Capital Cities

```
S S B T C       N B M W C
I T E S E       A L A C A
R O L E M       I S D O I
A C G P K       R N R P R
P K R A G O B S A O E E E O
H H A D I R K W T B H T N A
E O D U O T U G P I T S H R
L L E B P L N O N A A M A R
S M A D D I S A B A B A G E
I C I M H H S O S M B E E B
N H U S I H L E D W E N N N
K U A L A L U M P U R X A A
I W E L L I N G T O N A U C
S L E S S U R B T K E L O L
```

ADDIS ABABA   BUDAPEST   LUXEMBOURG   WARSAW
AMSTERDAM   CAIRO   NAIROBI   WASHINGTON DC
ATHENS   CANBERRA   NEW DELHI   WELLINGTON
BANGKOK   COPENHAGEN   OSLO
BELGRADE   HELSINKI   PARIS
BERNE   KUALA LUMPUR   SANTIAGO
BRUSSELS   LIMA   STOCKHOLM

Time ....

Puzzle 119: Didn't Do My Homework

```
S  N  I  A  R  T  N  O  T  F  E  L  K  T
W  R  E  D  O  G  A  T  E  I  T  N  W  I
E  E  I  M  D  O  A  A  N  I  I  I  O  K
R  P  Y  O  O  N  T  N  O  S  K  O  D  O
I  A  H  T  D  H  E  D  N  O  O  L  N  O
F  P  S  P  I  L  T  I  N  K  O  N  I  T
T  F  R  W  O  N  D  A  D  S  T  T  W  D
H  O  B  T  D  E  D  S  T  T  R  E  T  N
G  T  S  L  P  A  O  M  O  I  E  E  U  E
U  U  U  P  E  D  Y  O  L  K  T  S  O  I
A  O  O  N  N  B  B  I  R  B  S  F  W  R
C  R  A  N  O  U  T  O  F  T  I  M  E  F
D  I  O  O  S  F  P  T  T  F  S  W  L  L
B  I  K  Y  T  Y  A  W  A  W  E  L  B  D
```

BLEW AWAY
BLEW OUT WINDOW
CAUGHT FIRE
COULDN'T DO IT
DOG ATE IT
DROPPED IN SINK

FRIEND TOOK IT
LEFT IT AT HOME
LEFT ON TRAIN
LOST MY BOOK
OUT OF PAPER
RAN OUT OF TIME
SISTER TOOK IT

SPILT INK ON IT
STOLEN
TOO BUSY

 Time ....

Puzzle 120: Breeds Of Cat

```
Y E S N L E T S Y E S C A B
B Y B Y A T S E M M I R Y B
T O R T O I S E S H E L L K
B N R M I T N I M B I A B M
E E T A N N A I S R E P N G
E S O I S M I B S T U X N B
Y P Y A E L R A B S N B P S
N Y G S S N E S I Y Y B N H
Y E E T T E B T H L E B C R
B X R M E O I P E E L B A I
S O T A M O S E B A H G Y E
E B S B A O A O C E B A I C
X N A M I O N K N A M A O A
K Y B I N U C M M O I R L T
```

ABYSSINIAN
BLACK
BOMBAY
BURMESE
MANX
PERSIAN

SIAMESE
SIBERIAN
SPHYNX
TABBY
TORTOISESHELL
TOYGER

Time ....

Puzzle 121: Where Are You From?

```
G P N E A
A W H A S H S I K R U T
N R E S C E S E T L A M
A N N L I I N I J A I A
I G A U S T R A L I A N
T G R I T H T E P G C E
P M A E D S P O M A N Y
Y E F R E N C H C A J E
G       K I I S S R R
E
N
H
```

AMERICAN	ENGLISH	INDIAN	SCOTTISH
AUSTRALIAN	FRENCH	JAPANESE	TURKISH
EGYPTIAN	GREEK	MALTESE	WELSH

 Time ....

Puzzle 122: Putting On A Hat

```
L T T E R E B O
E L C L O D R B
T D A B Z E F R
A E T B R E A E
R K E B E R V C
I C M A O S I O
P O A D D T A W
S C E R R A T B
F F A I L L O O
E Z L P R K R Y
C O I B O W L E R R W R
R W Y T I T U R B A N T
```

AVIATOR	CAP	FEDORA	TOP
BASEBALL	COCKED	FEZ	TRILBY
BERET	COWBOY	PIRATE	TURBAN
BOWLER	DEERSTALKER	SOMBRERO	WIZARD'S

Time ....

Puzzle 123: Extinct Animals

```
M N M R W E R H S E L U T S
E E U S M A U J M C O R T N
N Q X T I R E P A K R E G T
I K I I Y R E S C G L D E A
C R N E C R E U B L G G A A
A I C E O A B G E R U A A T
L E P R M E N R I E Z Z U Y
Y L R I U Y S G X T L E A Q
H A N L E S S E R B I L B Y
T K B W E A N J L I U L H E
C U B A N C O N E Y Z E A G
Q C C M Y C V E A O G Z L B
P O R E G I T N A V A J L I
W L E N A P R A T T N R U Y
```

BALI TIGER	LESSER BILBY	TARPAN
BLUE BUCK	MEXICAN GRIZZLY	THYLACINE
CUBAN CONEY	QUAGGA	TULE SHREW
EMPEROR RAT	RED GAZELLE	
JAVAN TIGER	SEA MINK	
	STELLER'S SEA COW	

 Time ....

Puzzle 124: Fairy-Tale Characters

```
T E S P F N H L F
D L K B A P U L R
O O C Y I L I E M
S S O O R G L N Z
N R L H Y E B E O
O A I A G R T A R C H H I C
W E D N O N A S D E C P L E
W B L S D N I P I W D H A O
H E O E M T I D U S O N I K
I E G L O E I B I N P L I O
T R L E T E R G S R Z E F C
E H H K H N W I I C D E T E
Y T U A E B G N I P E E L S
G N I M R A H C E C N I R P
```

BIG BAD WOLF
CINDERELLA
FAIRY GODMOTHER
GOLDILOCKS
GRETEL

HANSEL
PINOCCHIO
PRINCE CHARMING
RAPUNZEL
RED RIDING HOOD

SLEEPING BEAUTY
SNOW WHITE
STEP SISTER
THREE BEARS

Time ....

Puzzle 125: Countries Around The World

```
A  I  S  Y  A  L  A  M  A
A  N  N  W  S  Y  R  I  A
S  D  A  A  I  E  R  A  A
B  O  M  R  T  T  Z  Y  U
E  N  A  U  S  S  Z  N  G
R  E  D  U  A  J  H  E  A  N  I  H  C  A
O  S  A  F  A  N  I  K  R  U  B  G  K  I
P  I  G  P  H  S  E  D  A  L  G  N  A  B
A  A  A  N  A  H  G  N  C  Z  A  Z  M  M
G  N  S  T  S  W  A  Z  I  L  A  N  D  O
N  I  C  E  L  A  N  D  N  A  I  K  D  L
I  R  A  T  L  A  R  B  I  G  R  J  A  O
S  G  R  U  O  B  M  E  X  U  L  K  I  C
I  O  M  O  Z  A  M  B  I  Q  U  E  U  F
```

AUSTRIA	GUIANA	KENYA	NICARAGUA
BANGLADESH	GIBRALTAR	LUXEMBOURG	SINGAPORE
BURKINA FASO	ICELAND	MADAGASCAR	SWAZILAND
CHINA	INDONESIA	MALAYSIA	SWITZERLAND
COLOMBIA	JAPAN	MALTA	SYRIA
FIJI	KAZAKHSTAN	MOZAMBIQUE	UKRAINE

 Time ....

Puzzle 126: Nursery Rhymes

```
Y A W A O G N I A R N I A R
A B L E M T A R P S K C A J
C B A S I J D C L B I M E A
L L E B G N O D G N I D E P
T H R E E B L I N D M I C E
H U M P T Y D U M P T Y J U
L I T T L E B O B E E P L B
S B O J A C K A N D J I L L
E E L O C G N I K D L O A H
N S N U B S S O R C T O H T
E I G R O P E I G R O E G I
D O C T O R F O S T E R M S
I S I M P L E S I M O N T I
E L K N I W T E L K N I W T
```

DING DONG BELL
DOCTOR FOSTER
GEORGIE PORGIE
HOT CROSS BUNS
HUMPTY DUMPTY

JACK AND JILL
JACK SPRAT
LITTLE BO-BEEP
OLD KING COLE
RAIN RAIN GO AWAY

ROCK-A-BYE BABY
SIMPLE SIMON
THREE BLIND MICE
TWINKLE TWINKLE

Time ....

Puzzle 127: Fruit Salad

```
        H         R R W
  A P   E E     S R A I
Y R R E B W A R T S C W
E N I R A T C E N H R O
M A E L D E R B E R R Y
I P N R L M A R B A S B
L P O M E G R A N A T E
E L C L M Y N G T P E P
M E O P O A E S E H E
  N S E N T U A C A
  E A A M R Y C
    D A   L H
```

APPLE	LIME	POMEGRANATE
BANANA	LYCHEE	SATSUMA
CHERRY	NECTARINE	STRAWBERRY
DATE	ORANGE	WATERMELON
ELDERBERRY	PEACH	
LEMON	PEAR	

 Time ....

Puzzle 128: Big Teeth

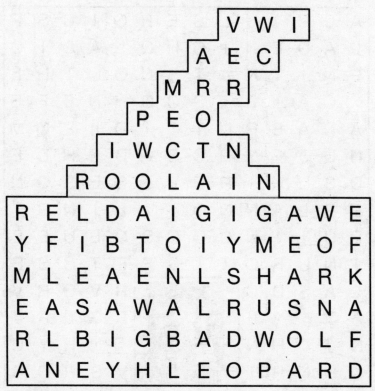

```
              V W I
            A E C
          M R R
        P E O
        I W C T N
      R O O L A I N
R E L D A I G I G A W E
Y F I B T O I Y M E O F
M L E A E N L S H A R K
E A S A W A L R U S N A
R L B I G B A D W O L F
A N E Y H L E O P A R D
```

ALLIGATOR	CAIMAN	LION	WALRUS
ALSATIAN	CROCODILE	SHARK	WEREWOLF
BEAR	HYENA	TIGER	
BIG BAD WOLF	LEOPARD	VAMPIRE	

Time ....

Puzzle 129: Popes

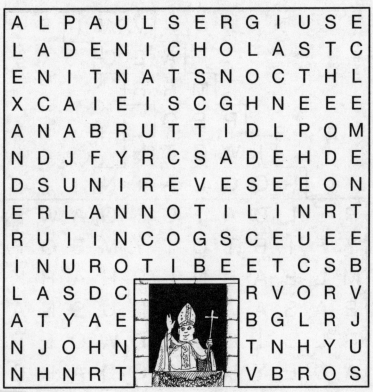

```
A L P A U L S E R G I U S E
L A D E N I C H O L A S T C
E N I T N A T S N O C T H L
X C A I E I S C G H N E E E
A N A B R U T T I D L P O M
N D J F Y R C S A D E H D E
D S U N I R E V E S E E O N
E R L A N N O T I L I N R T
R U I I N C O G S C E U E E
I N U R O T I B E E T C S B
L A S D C         R V O R V
A T Y A E         B G L R J
N J O H N         T N H Y U
N H N R T         V B R O S
```

ALEXANDER	CONSTANTINE	NICHOLAS	THEODORE
ANASTASIUS	GREGORY	PAUL	URBAN
BENEDICT	HADRIAN	SERGIUS	VICTOR
BONIFACE	INNOCENT	SEVERINUS	
CELESTINE	JOHN	STEPHEN	
CLEMENT	JULIUS	SYLVESTER	

 Time ....

Puzzle 130: Types Of Potato

```
F I A N N A O S P R E Y P I
F N M A R I S B A R D N I C
R R E D N O W N E D L O G H
O E D L U F O P R T O M O A
C E T R P K I S N Y N R R R
K P D L A P E A T A C A A L
E S S R S W A O N E D H S O
T I E I O O D R F O R I C T
M R R S N O E E I Y F M N T
Y A C A R L I N G F O R D E
M M M D A L O C I N K R A N
O O N P K E R R S P I N K M
R U E I E D R O C C A K I R
D E S I R E E R E I M E R P
```

ACCORD	FIANNA	MARIS BARD	PINK FIR APPLE
CARLINGFORD	GOLDEN WONDER	MARIS PEER	PREMIERE
CHARLOTTE	HARMONY	MARIS PIPER	ROCKET
DESIREE	KERR'S PINK	NADINE	ROMANO
DUKE OF YORK	KING EDWARD	NICOLA	ROOSTER
DUNDROD	MARFONA	OSPREY	SANTE

Time ....

Puzzle 131: US Presidents

```
N S G G H W I L S O N N D G
I M W A S H I N G T O N R A
X A Y N U T L E V E S O O R
O D D A B N A G A E R S F F
N A E T                 E K M I
A B N C                 F C A E
M U N O                 F A D L
U C E O                 E J I D
R H K L                 J N S E
T A F I                 C S O D
T N A D N O S N H O J R N G
N A L G E L A C L I N T O N
G N N E I S E N H O W E R A
E R E T R A C Y M G R A N T
```

ADAMS	EISENHOWER	JOHNSON	NIXON
BUCHANAN	FORD	KENNEDY	REAGAN
BUSH	GARFIELD	LINCOLN	ROOSEVELT
CARTER	GRANT	MADISON	TRUMAN
CLINTON	JACKSON	MCKINLEY	WASHINGTON
COOLIDGE	JEFFERSON	MONROE	WILSON

 Time ....

Puzzle 132: Aesop's Fables

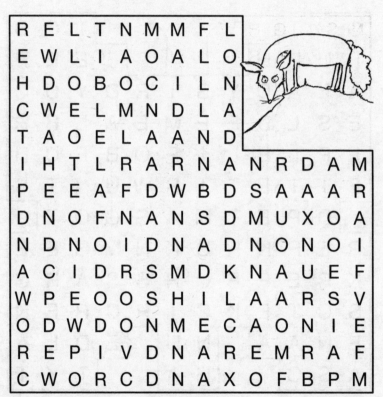

```
R E L T N M M F L
E W L I A O A L O
H D O B O C I L N
C W E L M N D L A
T A O E L A A N D
I H T L R A R N A N R D A M
P E E A F D W B D S A A A R
D N O F N A N S D M U X O A
N D N O I D N A D N O N O I
A C I D R S M D K N A U E F
W P E O O S H I L A A R S V
O D W D O N M E C A O N I E
R E P I V D N A R E M R A F
C W O R C D N A X O F B P M
```

CAT AND MICE
CROW AND PITCHER
FARMER AND VIPER
FIR AND BRAMBLE

FOX AND CROW
FOX AND LION
LION AND MOUSE
MAN AND SWALLOW

OAK AND REED
THE FISHER
VENUS AND CAT
WOLF AND LAMB

Time ....

Puzzle 133: Creepy-Crawlies

```
G G T         T G S
L U R N     E E R P
A L A D Y B I R D Y U C
E S L D E E M E W L B R
L P L B L I P O B F U H
F I I E T I R W U N T S
  D P E T M A G G O T
R E R N H S K N M G E E
K R E P P O H S S A R G
S C T E K C I R C R F N
E N A A   N U   E D L A
A S C     G A   T Y T
```

ANT	CRICKET	LADYBIRD	SPIDER
BEE	DRAGONFLY	MAGGOT	TERMITE
BUG	FLEA	MOTH	WASP
BUTTERFLY	GNAT	SLUG	WORM
CATERPILLAR	GRASSHOPPER	SNAIL	
CENTIPEDE	GRUB		

 Time ....

Puzzle 134: Pizza Toppings

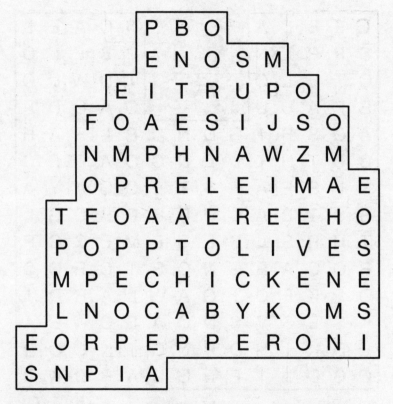

```
          P B O
          E N O S M
        E I T R U P O
      F O A E S I J S O
      N M P H N A W Z M
        O P R E L E I M A E
    T E O A A E R E E H O
    P O P P T O L I V E S
    M P E C H I C K E N E
    L N O C A B Y K O M S
  E O R P E P P E R O N I
  S N P I A
```

BEEF	MUSHROOM	PINEAPPLE
CHICKEN	OLIVES	SMOKY BACON
CHORIZO	ONION	SWEETCORN
HAM	PEPPERONI	TOMATO
JALAPENOS	PEPPERS	

Time _____

Puzzle 135: Learning To Swim

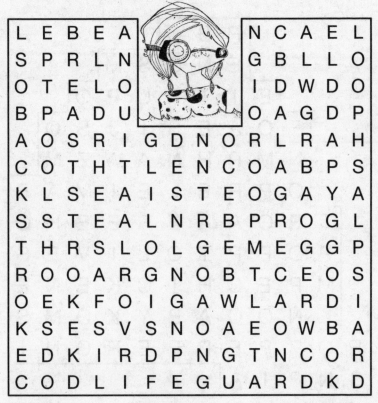

```
L E B E A       N C A E L
S P R L N       G B L L O
O T E L O       I D W D O
B P A D U       O A G D P
A O S R I G D N O R L R A H
C O T H T L E N C O A B P S
K L S E A I S T E O G A Y A
S S T E A L N R B P R O G L
T H R S L O L G E M E G G P
R O O A R G N O B T C E O S
O E K F O I G A W L A R D I
K S E S V S N O A E O W B A
E D K I R D P N G T N C O R
C O D L I F E G U A R D K D
```

ARMBAND	FRONT CRAWL	SHALLOW END
BACKSTROKE	GOGGLES	SPLASH POOL
BREASTSTROKE	LANE	STARTING BLOCK
DEEP END	LIFEGUARD	WATER SLIDE
DIVING BOARD	NOODLE	
DOGGY PADDLE	POOL SHOES	

 Time ....

Puzzle 136: Gone To The Beach

```
I E N B L S W E D G B S E N
S V S R L K A R N E E N M A
E M E E G N A I A S O A L S
A R V E E U R C S I E L S E
S U A Z G R H A T R E W L L
H C W E E T L O C R I T L B
E I F B O G L E B M S A I B
L I B W N N C M S A B B N E
L U E U A I U U C H A R M P
R L S T A H I D C
Z E N C S T N A L
M U E M W A E S Z
S L U E S B A O E
G N I M M I W S B
```

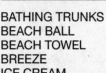

BATHING TRUNKS	PEBBLE	SWIMMING
BEACH BALL	RUBBER RING	SWIMSUIT
BEACH TOWEL	SAND CASTLE	UMBRELLA
BREEZE	SEASHELL	WAVES
ICE CREAM	SUNGLASSES	
LIFEGUARD	SUNTAN LOTION	

Time ....

Puzzle 137: Vehicle Pile Up

```
A B T S R E E R T
  I O U O K M R I R
  S B T I E E P E B
  I C B D Z P L A M
L N N A R N O E L C I A
T I R O A D R O L L E R
M T T T L T R E K N A T
C O A L R M T E K C O R
M X U U A B I C Y C L E
I B C E L C Y C I N U E
  K T               A R
  S T               V O
```

BICYCLE   MOTORBIKE   TANDEM   TRACTOR
BULLDOZER   ROAD-ROLLER   TANKER   TRAM
CAB   ROCKET   TAXI   UNICYCLE
MINIBUS   STEAMROLLER   TIPPER TRUCK VAN

Time ....

Puzzle 138: Read All About It

```
E V I F S U O M A F
P E A P E T E R P A N
    W I Z A R D O F O Z
    T O N O S O E A T D
      T T R R A E
      N R T A O R
  T A H E H T N I T A C
  S N I P P O P Y R A M
  R E T T O P Y R R A H
    W P P A H E I D I
H Z J U N G L E B O O K
R P E T E R R A B B I T
```

CAT IN THE HAT	JUNGLE BOOK	PETER RABBIT
FAMOUS FIVE	MARY POPPINS	WIZARD OF OZ
HARRY POTTER	NARNIA	
HEIDI	PETER PAN	

Time ....

Puzzle 139: Milky Madness

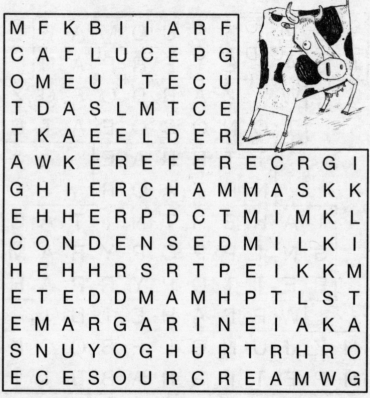

```
M F K B I I A R F
C A F L U C E P G
O M E U I T E C U
T D A S L M T C E
T K A E E L D E R
A W K E R E F E R E C R G I
G H I E R C H A M M A S K K
E H H E R P D C T M I M K L
C O N D E N S E D M I L K I
H E H H R S R T P E I K K M
E T E D D M A M H P T L S T
E M A R G A R I N E I A K A
S N U Y O G H U R T R H R O
E C E S O U R C R E A M W G
```

BUTTERMILK	GOAT MILK	SOUR CREAM
CONDENSED MILK	GRATED CHEESE	SPREAD
COTTAGE CHEESE	ICE CREAM	WHIPPED CREAM
CURDS	MARGARINE	YOGHURT
FULL-FAT MILK	SKIMMED MILK	

Time ....

Puzzle 140: Dinosaur Crazy

```
S P I N O S A U R U S S S C
R L A C D M G X H O U T E G
Y Y O O I I E Y C B R E I V
T T R R L C S R E R U G H E
R C N Y O R U E R O A O E L
I A I T P O R T A N S S S O
C D T H H C U P T T O A P C
E O H O O E A O O O I U E I
R R O S S R S E S S H R R R
A E M A A A O A A A C U O A
T T I U U T N H U U A S R P
O P M R R O G C R R R P N T
P O U U U P E R U U B U I O
S S S S S S S A S S S M S R
```

ARCHAEOPTERYX
BRACHIOSAURUS
BRONTOSAURUS
CERATOSAURUS
CORYTHOSAURUS
DILOPHOSAURUS

GIGANTOSAURUS
HESPERORNIS
MICROCERATOPS
ORNITHOMIMUS
PTERODACTYL
SEGNOSAURUS

SPINOSAURUS
STEGOSAURUS
TRICERATOPS
VELOCIRAPTOR

Time ....

Puzzle 141: Postal Service

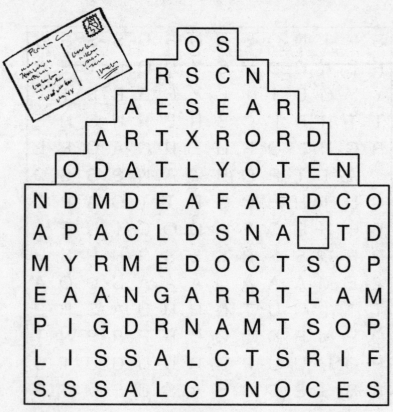

```
            O S
          R S C N
        A E S E A R
      A R T X R O R D
    O D A T L Y O T E N
  N D M D E A F A R D C O
  A P A C L D S N A   T D
  M Y R M E D O C T S O P
  E A A N G A R R T L A M
  P I G D R N A M T S O P
  L I S S A L C T S R I F
  S S S A L C D N O C E S
```

ADDRESS	NEXT DAY	ROYAL MAIL
FIRST CLASS	PARCEL	SECOND CLASS
LARGE LETTER	POSTCODE	SIGNED FOR
NAME	POSTMAN	STAMP

 Time ....

Puzzle 142: Greetings Cards

```
        A C E S L R E J R
      Y Y M E R O W N S U A N
      G A B O R A E U S E O Y
      W D O R T W O T Y O A T
      I S Y L J H B W S D H N
      T T E O W E E L S A H E
      H N B E C N L R N P D W
      L I N A Y E E K S G I B
      O A U P W H Y S V D W A
      V S P T T O D E U E A B
      E A E A U A W B A S L Y
      H G F B A P T I S M I
```

BAPTISM
DIWALI
FATHERS' DAY
GET WELL SOON
HAPPY NEW YEAR

JUST BECAUSE
MOTHERS' DAY
NEW BABY
NEW HOUSE
NEW JOB

SAINT'S DAY
SORRY
THANK YOU
WITH LOVE

Time ....

Puzzle 143: Famous Football Players

```
P E K E V I N K E E G A N D
M I C H A E L O W E N E E S
A Y R N E H Y R R E I H T J
K A N O D A R A M O G E I D
G E O R G E B E S T V M E N
R D R G O Y Y R L E M E R R
E N A E K Y O R N Y E B J P
B R Y A N G I G G S M A E A
S T N I I M E R O N A L D O
I L K E K R E O O S E E M E
N O T L R A H C Y B B O B H
N N D A V I D B E C K H A M
E T R E L W O F E I B B O R
D D S G L E N N H O D D L E
```

BOBBY CHARLTON   JIMMY GREAVES   ROY KEANE
DAVID BECKHAM   KEVIN KEEGAN   RYAN GIGGS
DENNIS BERGKAMP   MICHAEL OWEN   STEVEN GERRARD
DIEGO MARADONA   PELÉ   THIERRY HENRY
GEORGE BEST   ROBBIE FOWLER
GLENN HODDLE   RONALDO

 Time ....

Puzzle 144: Geography Lesson

```
J I N A W N N R E V A C P S
T N A A O E O T J P U A C E
N F V T D L D Y U N P D L S
D F E O A L U S N I N E P A
O I C N E T I M G A L A T S
Y L N V M T T N L L C E A S
I C H J L T I S E P E V A F
T U N D R A S T A C A G R V
D V E E T A L D C N L R A L
W A S N R D G O N A C L O V
E E U G U O D A C A L Y L L
D O I A R C H I P E L A G O
M S T G V R E S Y E G S T E
O N E F O R E S T A C I I S
```

ARCHIPELAGO	GEYSER	MEADOW	STALAGMITE
CANYON	GLACIER	MOUNTAIN	STEPPE
CAVERN	GORGE	PENINSULA	TUNDRA
CLIFF	GRASSLAND	PLAIN	VALLEY
DESERT	ISLAND	SAVANNAH	VELDT
FOREST	JUNGLE	STALACTITE	VOLCANO

Time ....

Puzzle 145: Home Entertainment

```
O T D E S     L N R V D
G N V U C     A R B N P
N R D X A     B L U L S
I O P P B     U O A I P
T T L U L O U S R S S A S A
H C A D E A X A D M L D L A
G E Y B S N Y N A S N O R A
I J E D C C U S R A N Y A L
L O R T N O C E T O M E R S
D R P E R R V S S A C S T B
O P S R E K A E P S T P O E
O P U E T E L E V I S I O N
M S N E M S R P C U S D O P
R B S R N O S A K A E R N N
```

BLU-RAY	PLAYSTATION	STANDS
CABLES	POPCORN	SURROUND SOUND
DVD PLAYER	PROJECTOR	TELEVISION
MOOD LIGHTING	REMOTE CONTROL	XBOX
PLASMA SCREEN	SPEAKERS	

 Time ....

Puzzle 146: London Tourist Attractions

```
B T T A T E M O D E R N B M
E R D E K E A I N I X R A N
P G I I E R S E E T I R N E
B E D T S R A B S T B L A D
R R H I I E T P I L E S E R
    R S M S E G E E O A
    I B H A D D B H C G
    T M R L H R Y E C T
    U C I E I T O H N N
R O N S H M R T W B E F C E
S R E O R Y E C W O R H X V
G U N I A T I R B E T A T O
M G A E Y E N O D N O L R C
S B S E G D I R F L E S E Y
```

BIG BEN
BRITISH LIBRARY
BRITISH MUSEUM
CHELSEA
COVENT GARDEN

HYDE PARK
LONDON EYE
MARBLE ARCH
OXFORD STREET
SELFRIDGES

TATE BRITAIN
TATE MODERN
THE THAMES
TOWER BRIDGE

Time ....

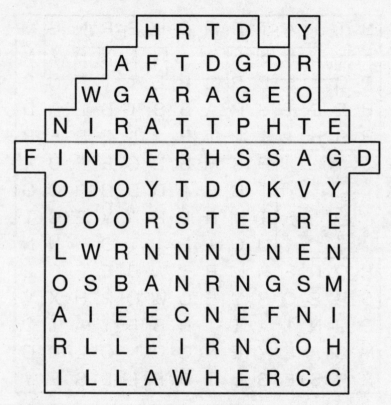

Puzzle 147: What's Outside?

```
        H  R  T  D        Y
     A  F  T  D  G  D     R
     W  G  A  R  A  G  E  O
  N  I  R  A  T  T  P  H  T  E
F  I  N  D  E  R  H  S  S  A  G  D
  O  D  O  Y  T  D  O  K  V  Y
  D  O  O  R  S  T  E  P  R  E
  L  W  R  N  N  N  U  N  E  N
  O  S  B  A  N  R  N  G  S  M
  A  I  E  E  C  N  E  F  N  I
  R  L  L  E  I  R  N  C  O  H
  I  L  L  A  W  H  E  R  C  C
```

CHIMNEY	FENCE	GUTTER	ROOF
CONSERVATORY	GARAGE	KENNEL	SHED
DOORBELL	GARDEN	LEAN-TO	WALL
DOORSTEP	GATE	PATH	WINDOWSILL

Time ....

Puzzle 148: Gifts Galore

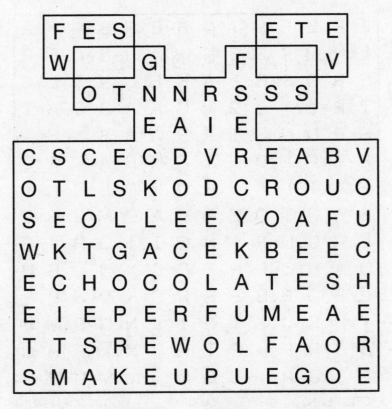

```
F E S       E T E
W     G   F     V
  O T N N R S S
    E A I E
C S C E C D V R E A B V
O T L S K O D C R O U O
S E O L L E E Y O A F U
W K T G A C E K B E E C
E C H O C O L A T E S H
E I E P E R F U M E A E
T T S R E W O L F A O R
S M A K E U P U E G O E
```

BOOK   FLOWERS   PERFUME   TICKETS
CHOCOLATES   GLOVES   SCARF   VOUCHER
CLOTHES   MAKE UP   SWEETS
EARRINGS   NECKLACE   TEDDY BEAR

Time ....

ACE PUZZLERS

Puzzle 149: Creatures That Migrate

```
E E E F L I C K E R S A T A
L N G R E E N W A R B L E R
G R O S B E A K E C N T L C
T R L T L G M A A S O A T
S E D U S T A R W A S N H I
E T F L D N I S N R A K W C
E A I L A B R D N D L D K T
B W N T O E P U A O M E C E
E R C U P I N G T I O R A R
D A H O P N E O C Y N L B N
L E O E B E B R R K D H P I
I H R U S T N I L N U D M B
W S R E H C T A C Y L F U O
E S D R I B G N I M M U H R
```

ARCTIC TERN   GREEN WARBLER   RUDDY TURNSTONE
CANADA GEESE   GROSBEAK   SALMON
CARIBOU   HUMMINGBIRDS   SANDPIPERS
DUNLIN   HUMPBACK WHALE   SHEARWATER
FLICKERS   LOONS   TANAGERS
FLYCATCHERS   RED KNOT   WHOOPER SWAN
GOLDFINCH   ROBIN   WILDEBEEST

Time ....

Puzzle 150: Shades Of Red

```
T B U R G U N D Y C R V G L
L U U O H C O U A A E A M I
D S N Q U O M U S R R A E T
T Y A T W Q B P M N G M O U
D L B E S U B I E E A V A L
C M S U R E L T N L
A O A N R L H T F I
R C U R I I A C C A
D A Y O O C T L U N
I R N A N O M M I S R E P R
N M T L H T N A R A M A I P
A I R G N A S I N O P I A H
L N O S M I R C E R I S E P
T E L R A C S U R B I O E O
```

AMARANTH
AUBURN
BURGUNDY
CARDINAL
CARMINE
CARNELIAN
CERISE
CHESTNUT
COQUELICOT
CRIMSON
FLAME
GARNET
LAVA
MAGENTA
MAROON
PERSIMMON
RASPBERRY
ROSEWOOD
RUBY
RUST
SANGRIA
SCARLET
SINOPIA
VERMILLION

Time ....

Puzzle 151: Going To The Doctor

```
R G S H C H E C K U P O L M
S E L A C S G N I H G I E W
N H R A R R A N A N C D A O
C C M U I L J R O E I I C I
E R N H S E M T N C T C L P
T O P L C A C O I I P L I E
T T C T C T I N N T N C I O
T C I Y C T E G S E P S C I
N O I T P I R C S E R P R C
N D I E P O C S O H T E T S
C E C J O         R A O C N
N E L M N         E S O N G
R C T T S         S E P C A
C C I R I         N I E C D
```

CHECK-UP   NOTES   STETHOSCOPE
DOCTOR   NURSE   TORCH
ILLNESS   PHARMACY   WAITING ROOM
INJECTION   PRESCRIPTION   WEIGHING SCALES
MEDICINE   RECEPTION

 Time ....

Puzzle 152: Stir-Fried Food

```
E W A T E R C H E S T N U T
E G S U S S W E E T C O R N
S M O O R H S U M G N I T N
E U Y T B E L P P A E N I P
N N S E           K O U E
E G A G           C G S P
R M U N           I N T P
N R C A           H I O E
R P E M           C R R R
R B R G           K P R S
N B E A N S P R O U T S A E
S O E E W I P G R P K O C E
T T E S F N G S E L D O O N
I B S N I P S K E E E O H O
```

BEAN SPROUTS
BEEF
CARROTS
CHICKEN
GINGER
MANGETOUT

MUSHROOMS
NOODLES
PEPPERS
PINEAPPLE
PORK
PRAWNS

SOY SAUCE
SPRING ONION
SWEETCORN
WATER CHESTNUT

Time ....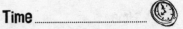

Puzzle 153: Bags Of Bags

```
          U O U R
       O N       N I
       R G       S K
   S U H C T U L C R P S C
   B R I E F C A S E S C S
   A T O T E S A H G H H U
   P S H T K T S O N O A I
   U M C C I K P E U N T
   E D U H B O U P S L D C
   K R E B O I D I S D B A
   A L U F G O C N E E A S
   M R S K E K L G M R G E
```

BRIEFCASE	HANDBAG	RUCKSACK	SHOULDER
BUM	MAKEUP	SATCHEL	SICK
CLUTCH	MESSENGER	SCHOOL	SUITCASE
DOCTOR'S	RUBBISH	SHOPPING	TOTE

 Time ....

Puzzle 154: Tools Of The Trade

```
C   S L I E          R S   P
C H L E              U I   L
L   E H              L W   I
    D T              E S   E
    G A              R P   R
E W E L D I N G M A S K
P R H A H L P A B N R M
A E A P E L L W E N E A
G N M U A C O I E E C L
M C M N Q R I E R R N L
L H E D C S L V B D I E
H C R O T W O L B N P T
```

BLOWTORCH   LATHE   PLIERS   SQUARE
CLAMP   MALLET   RULER   VICE
CROWBAR   PINCERS   SLEDGEHAMMER   WELDING MASK
DRILL   PLANE   SPANNER   WRENCH

Time ....

Puzzle 155: Things You Lose

```
M P R S M E R E T E M P E R
M E S S E R E Y S F H N C
T N P E L D A E H R U O Y H
R I H B T E N U I N E N U L
L O R T N O C E T O M E R N
E H O E M F N U O T C N R R
R E S C E D O Q P N O U N U
E D H E S O R N E S E M N T
E S P N L H K I U F K B U N
E M C S F B T E N R R E T E
L E M E H A R C Y N R R S A
H E O N P E U A N S T A A C
A B U C A P W L M C N R L E
E M E M R S W P H C N S C M
```

FRIENDS
KEYS
MARBLES
MONEY

NOTES
PATIENCE
PHONE NUMBER
PLACE IN QUEUE

REMOTE CONTROL
TEMPER
WAY
YOUR HEAD

Time ....

Puzzle 156: Keyboard Instruments

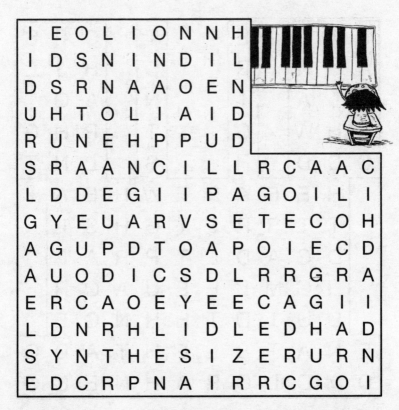

```
I  E  O  L  I  O  N  N  H
I  D  S  N  I  N  D  I  L
D  S  R  N  A  A  O  E  N
U  H  T  O  L  I  A  I  D
R  U  N  E  H  P  P  U  D
S  R  A  A  N  C  I  L  L  R  C  A  A  C
L  D  D  E  G  I  I  P  A  G  O  I  L  I
G  Y  E  U  A  R  V  S  E  T  E  C  O  H
A  G  U  P  D  T  O  A  P  O  I  E  C  D
A  U  O  D  I  C  S  D  L  R  R  G  R  A
E  R  C  A  O  E  Y  E  E  C  A  G  I  I
L  D  N  R  H  L  I  D  L  E  D  H  A  D
S  Y  N  T  H  E  S  I  Z  E  R  U  R  N
E  D  C  R  P  N  A  I  R  R  C  G  O  I
```

ACCORDION	ELECTRIC PIANO	REED ORGAN
CELESTA	HARPSICHORD	SYNTHESIZER
CLAVINET	HURDY GURDY	
DIGITAL PIANO	PIPE ORGAN	

Time ....

Puzzle 157: British Kings

```
J  T  D     E     T     C  E  S
A  U  R     R     D     H  J  E
M  L  A     I     N     A  O  T
E  H  W     C     T     R  H  G
S  D  D     H     S     L  N  T
   H  E  E  A  D  E  W  H  E  A
   T  T  R  R  E  I  G  H  S  L
   D  G  A  D  L  T  P  R  A  F
   H  G  M  L  E  E  U  A  O  R
   D  U  I  D  T  H  H  N  G  E
E  N  A  T  S  L  E  H  T  A  D
D  M  D  L  O  R  A  H  N  E  C  O
```

ALFRED	EDGAR	ETHELRED	JOHN
ATHELSTAN	EDMUND	GEORGE	RICHARD
CANUTE	EDRED	HAROLD	STEPHEN
CHARLES	EDWARD	JAMES	WILLIAM

 Time ....

Puzzle 158: Cloud Caper

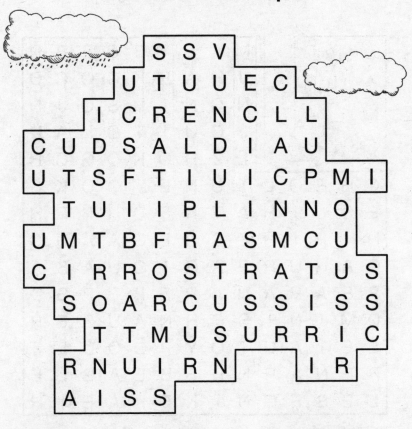

```
      S S V
    U T U U E C
    I C R E N C L L
C U D S A L D I A U
U T S F T I U I C P M I
  T U I I P L I N N O
U M T B F R A S M C U
C I R R O S T R A T U S
  S O A R C U S S I S S
  T T M U S U R R I C
R N U I R N     I R
  A I S S
```

ARCUS
CIRROSTRATUS
CIRRUS
FIBRATUS

INCUS
INTORTUS
OPACUS
PILEUS

STRATIFORMIS
UNCINUS
UNDULATUS
VELUM

Time ....

Puzzle 159: Small Dogs

```
M A L T E S E B U
J H A R K C O C D
N O N I H S O J N
L O U I T C P A U
L Z H O K O G C H
C H R O L T U N E M O O K S
E S L I H A T R E D R P R H
N I P I H E S R E G A A U C
O A H U R P A G I O U A S A
P S A R A N A R E P E P S D
D M I N I S C H N A U Z E R
L E I A U T O Y P O O D L E
R E N A R N D E B E A G L E
L E S E G N I K E P A E I H
```

BEAGLE
BOSTON TERRIER
CHIHUAHUA
COCKER SPANIEL
CORGI
DACHSHUND

JACK RUSSELL
MALTESE
MINI SCHNAUZER
PAPILLON
PEKINGESE
POMERANIAN

PUG
SAUSAGE DOG
SHIH-TZU
TOY POODLE

🕐 **Time** ....

Puzzle 160: Types Of Pasta

```
F E E N I L O P I R T I G A
U E I E M A N I C O T T I I
S I L L E C I M R E V T T T
I I G L I L P T A I R E E T
L L I E N N I E L I R H L O
L L H T I G O L N P T G L L
I E C A L L E L A N R A E O
N R N I L M L Z L T E P N N
G A O L E L Z E G E N S A G
U N C G T O R O T I N I P A
I G T A R R M N L A E N M O
N A N T O I R O I F V C A L
E S S E T T E N E R T A C C
E I M O L A N T E R N E C T
```

AGNOLOTTI
CAMPANELLE
CANNELLONI
CAVATELLI
CONCHIGLIE
FIORI

FUSILLI
GEMELLI
GOMITO
LANTERNE
LINGUINE
MANICOTTI

PENNE
ROTINI
SAGNARELLI
SPAGHETTI
STROZZAPRETI
TAGLIATELLE

TORTELLINI
TORTIGLIONI
TRENETTE
TRENNE
TRIPOLINE
VERMICELLI

Time ....

Answers

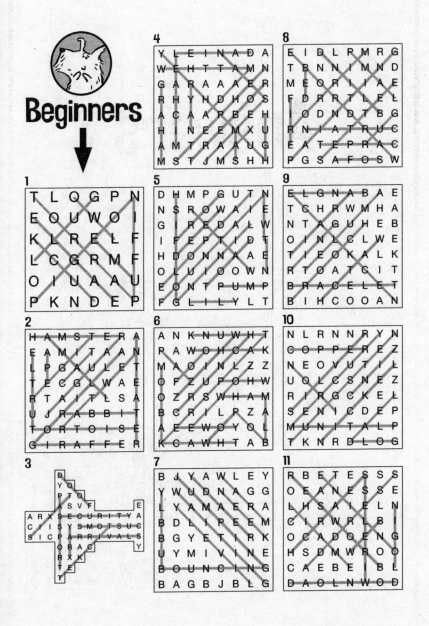

Intermediates

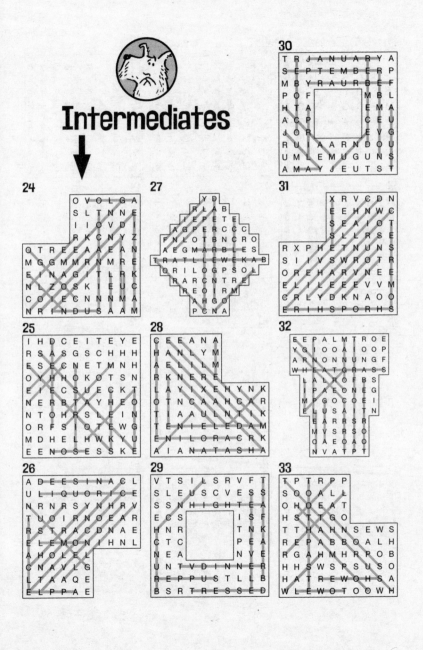

24

```
    O V O L G A
    S L T N N E
    I I O V D
    R K C N Y Z
Q T R E E A A E A N
M G G M M R N M R E
E I N A G I T L R K
N L Z O S K I E U C
C O I E C N N N M A
N R I N D U S A A M
```

25

```
I H D C E I T E Y E
R S A S G S C H H H
E S E C N E T M N H
O Y H H O K O T S N
E I E C S U E C K T
N E R B T A Y H E O
N T O H R S L E I N
O R F S I O T E W G
M D H E L H W K Y U
E E N O S E S S K E
```

26

```
A D E E S I N A C L
U L I Q U O R I C E
N R N R S Y N H R V
T U O I R N O E A R
R S T R A C D N A E
E L E M O N I H N L
A H O L E L
C N A V L G
L T A A Q E
E L P P A E
```

27

```
      Y D
      R L A B
      I E P E T E
    A G P E R C C C
  F N L O T B N C R O
  A E G M A R B L E S
T R A T L L E W E K A B
  O R I L O G P S O L
  R A R C N T R E
    R E O I R M
      A H G O
      P C N A
```

28

```
C E E A N A
H A N L Y M
A E L I L M
R K N E R E
L A Y I X E H Y N K
O T N C A A H C A R
T I A A U L N T I K
T E N I E L E D A M
E N I L O R A C R K
A I A N A T A S H A
```

29

```
V T S I L S R V F T
S L E U S C V E S S
S S N H I G H T E A
E C S         I S F
H N R         T N K
C T C         P E A
N E A         N V E
U N T V D I N N E R
R E P P U S T L L B
B S R T R E S S E D
```

30

```
T R J A N U A R Y A
S E P T E M B E R P
M B Y R A U R B E F
P O F         M B L
H T A         E M A
A C P         C E U
J O R         E V G
R U I A A R N D O U
U M L E M U G U N S
A M A Y J E U T S T
```

31

```
        X R V C D N
        E E H N W C
        S E A I O T
        S L L R S E
R X P H E T N U N S
S I I V S W R O T R
O R E H A R V N E E
E L I L E E V V M
C R L Y D K N A O O
E R I H S P O R H S
```

32

```
E E P A L M T R O E
Y G I O O A I O O P
A R N O N N U N G F
W H E A T G R A S S
  L A L R O F B S
  I P A E O N E G
  M P G O C O E I N
  E L U S A E T N
    E A R R S R
    M V S R S O
    O A E O A O
    N V A T P T
```

33

```
T P T R P P
S O O A L L
O H O E A T
H S T T G O
T T H A H N S E W S
R E P A B B O A L H
R G A H M H R P O B
H H S W S P S U S O
H A T R E W O H S A
W L E W O T O O W H
```

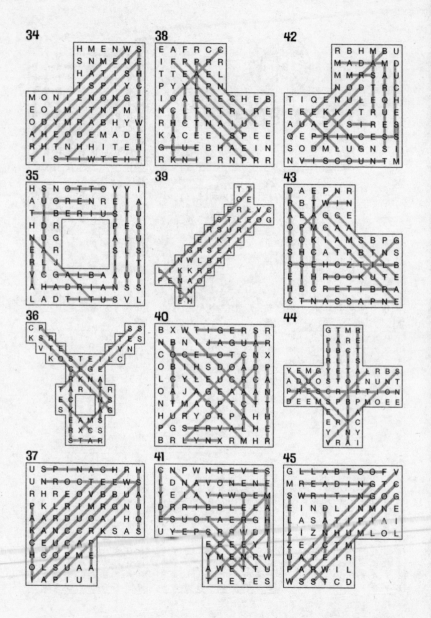

34

```
        H M E N W S
        S N M E N E
        H A T I S H
        T S P I Y C
M O N I E N O N G T
E O L M I T N F M I
O D Y M R A B H Y W
A H E Ø D E M A D E
R H T N H H I T E H
T I S T I W T E H T
```

35

```
H S N O T T O V V I
A U O R E N R E I A
T I B E R I U S T U
H D R       P E G
N U G       A L U
E A R       S L S
R L J       I I T
V C G A L B A A U U
A H A D R I A N S S
L A D T I T U S V L
```

36

```
C P             S S
K S R         T E S
  V I E       F V N
    K O S T E L C
        C G E
        R K N A
      T A R I R T
      E C     N S
      S K     I G
        E A M S
        R X C S
        S T A R
```

37

```
U S P I N A C H R H
U N R O C T E E W S
R H R E O V B B U A
P K L R I M R G N U
A A R D U O A I H Q
K A N C C R K S A S
C E U C A P
H C O P M E
O L S U A A
P A P I U I
```

38

```
        E A F R C C
        I F R P R R
        T T E A E L
        P Y Y L P N
I O A E T E C H E B
N C L T R T R I R E
R H C T N A I U L E
K A C E E I S P E E
G L U E B H A E I N
R K N I P R N P R R
```

39

```
              T T
              O E
          E R L V C
        S T L E O G
        R S U R L
        E I N T L
        G R S E A
      N W L B R
    L I K K R B
    F E N A O
      E N
      E H
```

40

```
B X W T I G E R S R
N B N I J A G U A R
C O C E L O T C N X
O B I H S D O A D P
L C Y L E U G R C A
O A J A G E A A A N
N T M A G P T C T T
H U R Y O R P A H H
P G S E R V A L H E
B R L Y N X R M H R
```

41

```
C N P W N R E V E S
L D N A V O N E N E
Y E A Y A W D E M
D R R I B B L E E A
E S U O T A E R G H
U Y E P S R W D T
      E E E Y I
      Y M E N R W
      A W E T T U
      T R E T E S
```

42

```
        R B H M B U
        M A D A M D
        M M R S A U
        N O D T R C
T I Q E N U L E Q H
E E K K A T R U E
A U A E I S I R E S
Q E P R I N C E S S
S O D M L U G N S I
N V I S C O U N T M
```

43

```
        D A E P N R
        R B T W I N
        A E A G C E
        O P M G A A
B O K I A M S B P G
S H C A T P B T N S
S S E H O Z T I L B
E I H R O O K U T E
H B C R E T I B R A
C T N A S S A P N E
```

44

```
        G T M R
        P A R E
        U B C T
        R L I S
Y E M G Y E T A L R B S
A D U O S T O L N U N T
P R E S C R I P T I O N
D E E M S P B P M O E E
        E I A
        E R Y C
        Y I N Y
        V R A I
```

45

```
G L L A B T O O F V
M R E A D I N G T C
S W R I T I N G O G
E I N D L I N M N E
L A S A T I P I A I
Z I Z N H U M L O L
Z E I C T M
U A T E I R
P A R W I L
W S S T C D
```

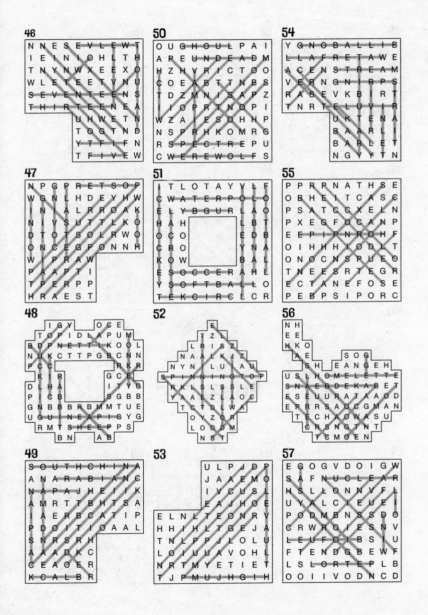

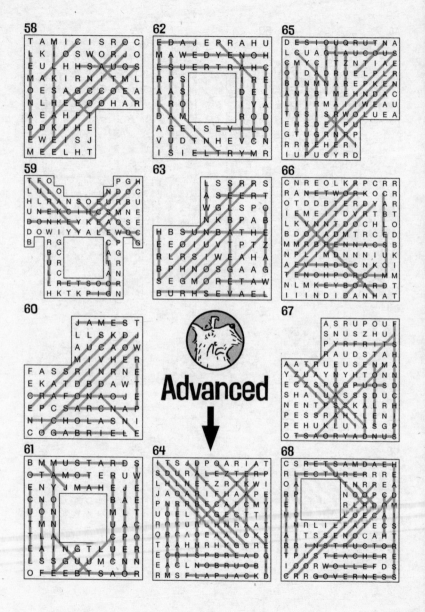

Advanced

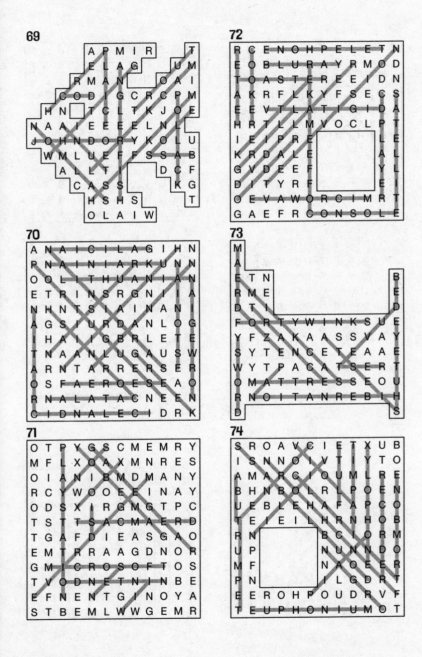

69

```
A P M I R         T
E L A G         U M
R M A N       O A I
C O D I G C R C P M
H N   T C L T K J O E
N A A I E E E E L N L
J O H N D O R Y K O L U
W M L U E F F S S A B
A L L T I     D C F
C A S S       K G T
H S H S         T
O L A I W
```

70

```
A N A I C I L A G I H N
R N A I N I A R K U N N
O O L I T H U A N I A N
E T R I N S R G N I I A
N H N T S I A I N A N
A G S I U R D A N L O G
I H A I I G B R L E T E
T N A A N L U G A U S W
A R N T A R R E R S E R
O S F A E R O E S E A O
R N A L A T A C N E E N
C I D N A L E C I D R K
```

71

```
O T P Y G S C M E M R Y
M F L X O A X M N R E S
O I A N I B M D M A N Y
R C Y W O O E E I N A Y
O D S X I R G M G T P C
T S T T S A C M A E R D
T G A F D I E A S G A O
E M T R R A A G D N O R
G M I C R O S O F T O S
T V O D N E T N I N B E
E F N E N T G I N O Y A
S T B E M L W W G E M R
```

72

```
R C E N O H P E L E T N
E O B L U R A Y R M O D
T O A S T E R E E I D N
A K R F L K Y F S E C S
E E V T L A T I G I D A
H R T L L M V O C L P T
I E I P R E       L E
K R D A L E       A L
G V D E E F       Y L
D I T Y R F       E
O E V A W O R C I M R T
G A E F R C O N S O L E
```

73

```
M
A
E T N                 B
R M E                 E
D T I                 D
F O R T Y W I N K S U E
Y F Z A K A A S S V A Y
S Y T E N C E T E A A E
W Y T P A C A T S E R T
O M A T T R E S S E O U
R N O I T A N R E B I H
D                     S
```

74

```
S R O A V C I E T X U B
I S N N O I V T I Y T O
A M A R C I O U M L R E
B H N B O L R L P O E N
U E B L E H A F A P C O
T E I E I L H R N H O B
R N       B C I O R M
U P       N U N N D O
M F       N A O E E R
P N       I L G D R T
E E R O H P O U D R V F
T E U P H O N I U M O T
```

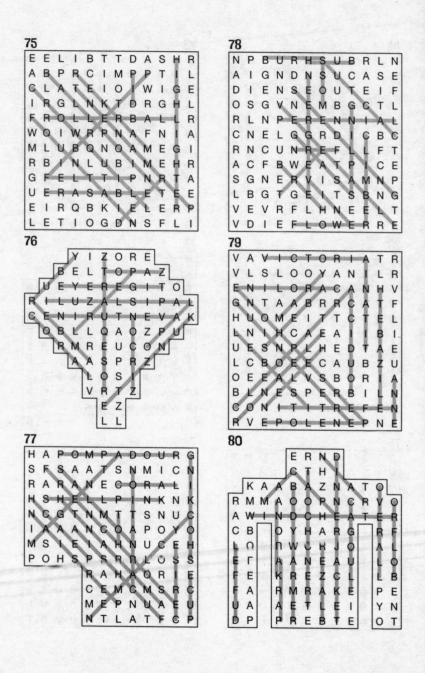

75

```
E E L I B T T D A S H R
A B P R C I M P P T I L
C L A T E I O I W I G E
I R G L N K T D R G H L
F R O L L E R B A L L R
W O I W R P N A F N I A
M L U B Q N O A M E G I
R B I N L U B I M E H R
G F E L T T I P N R T A
U E R A S A B L E T E E
E I R Q B K I E L E R P
L E T I O G D N S F L I
```

76

```
      Y I Z O R E
    B E L T O P A Z
  U E Y E R E G I T O
R I L U Z A L S I P A L
C E N I R U T N E V A K
O B L L Q A O Z P U
  R M R E U C O N
  A A S P R Z
    L O S
    V R T Z
      E Z
      L L
```

77

```
H A P O M P A D O U R G
S F S A A T S N M I C N
R A R A N E C O R A L I
H S H E L L P I N K N K
N C G T N M T T S N U C
I A A A N C O A P O Y O
M S I E I A H N U C E H
P O H S P S R N L O S S
    R A H A O R I E
    C E M C M S R C
    M E P N U A E U
    N T L A T F C P
```

78

```
N P B U R H S U B R L N
A I G N D N S U C A S E
D I E N S E O U T E I F
O S G V N E M B G C T L
R L N P E R E N N I A L
C N E L G G R D I C B C
R N C U N R E F L L F T
A C F B W E A T P I C E
S G N E R V I S A M N P
L B G T G E I T S B N G
V E V R F L H N E E L T
V D I E F L O W E R R E
```

79

```
V A V I C T O R I A T R
V L S L O O Y A N I L R
E N I L O R A C A N H V
G N T A A B R R C A T F
H U O M E I T T C T E L
L N I H C A E A I I B I
U E S N P L H E D T A E
L C B O E E C A U B Z U
O E E A L V S B O R I A
B L N E S P E R B I L N
C O N I T I T R E F E N
R V E P O L E N E P N E
```

80

```
      E R N D
      C T H I
  K A A B A Z N A T O
R M M A O O P N C R V O
A W I N D C H E A T E R
C B   O Y H A R G   R F
L U   U W C K J O   A L
E L   A A N E A U   L O
F E   K R E Z C L   L B
U A   R M R A K E   P E
D P   A E T L E I   Y N
      P R E B T E   O T
```

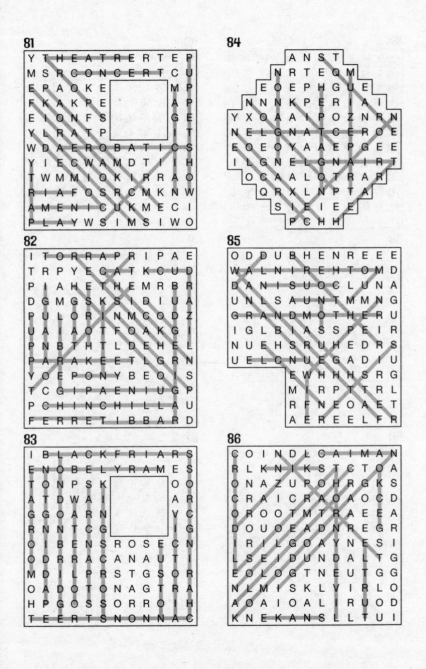

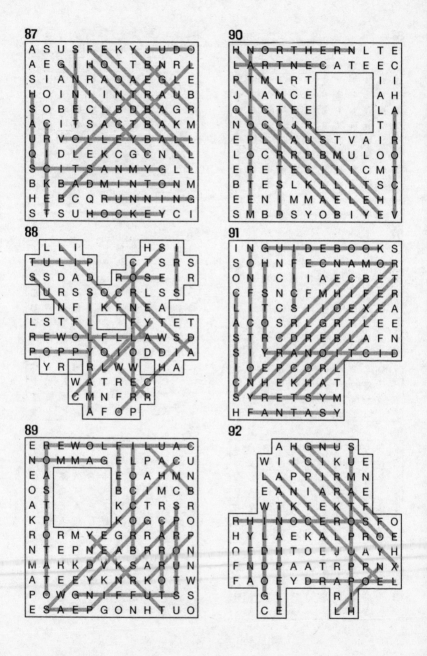

87

```
A S U S F E K Y J U D O
A E G I H O T T B N R L
S I A N R A O A E G L E
H O I N I I N T R A U B
S O B E C L B D B A G R
A C I T S A C T B A K M
U R V O L L E Y B A L L
Q I D L E K C G C N L L
S C I T S A N M Y G L L
B K B A D M I N T O N M
H E B C Q R U N N I N G
S T S U H O C K E Y C I
```

90

```
H N O R T H E R N L T E
L A R T N E C A T E E C
R T M L R T         I I
J I A M C E         A H
O L C T E E         L A
N O G C J R         T I
E P L I A U S T V A I R
L O C R R D B M U L O O
E R E T E C I I I C M T
B T E S L K L L L T S C
E E N I M M A E L E H I
S M B D S Y O B I Y E V
```

88

```
    L L I         H S I
T U L I P     C T S R S
S S D A D   R O S E I R
    U R S S O C R L S S
    N F I K F N E A
L S T F L     F Y T E T
R E W O L F L L A W S D
P O P P Y O I O D D I A
  Y R     R L W W     H A
      W A T R E C
      C M N F R R
        A F O P
```

91

```
I N G U I D E B O O K S
S O H N F E C N A M O R
O N I C I I A E C B E T
C F S N C F M H I F E R
L I T C S I I O E X E A
A C O S R L G R T L E E
S T R C D R E B L A F N
S I Y R A N O I T C I D
I O E P C O R L
C N H E K H A T
S Y R E T S Y M
H F A N T A S Y
```

89

```
E R E W O L F I L U A C
N O M M A G E L P A C U
E A         E O A H M N
O S         B C I M C B
A T         K C T R S R
K P         K O G C P O
R O R M Y E G R R A R P
N T E P N E A B R R O N
M A H K D V K S A R U N
A T E E Y K N R K O T W
P O W G N I F F U T S S
E S A E P G O N H T U O
```

92

```
      A H G N U S
    W I I C I K U E
    L A P P I R M N
    E A N I A R A E
    W T K T E K T F
R H I N O C E R O S F O
H Y L A E K A L P R O E
O F D H T O L J U A Y H
F N D P A A T R P R N X
F A O E Y D R A P O E L
      G L         R I
      C E         L H
```

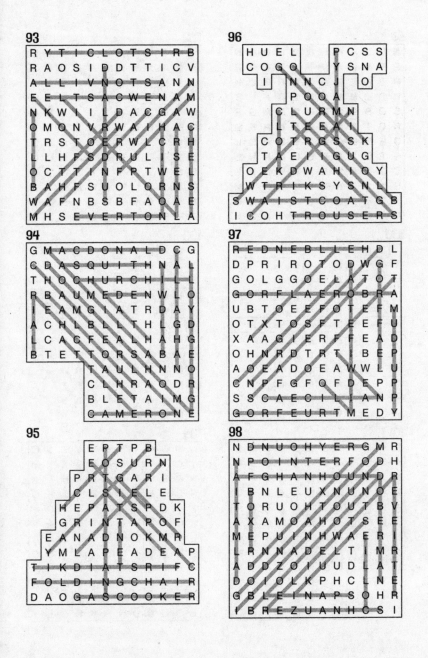

93

R	Y	T	I	C	L	O	T	S	I	R	B
R	A	O	S	I	D	D	T	T	I	C	V
A	L	L	I	V	N	O	T	S	A	N	N
E	E	L	T	S	A	C	W	E	N	A	M
N	K	W	I	I	L	D	A	C	G	A	W
O	M	O	N	V	R	W	A	I	H	A	C
T	R	S	T	O	E	R	W	L	C	R	H
L	L	H	F	S	D	R	U	L	I	S	E
O	C	T	T	I	N	F	P	T	W	E	L
B	A	H	F	S	U	O	L	O	R	N	S
W	A	F	N	B	S	B	F	A	O	A	E
M	H	S	E	V	E	R	T	O	N	L	A

96

H	U	E	L			P	C	S	S		
C	O	G	O			Y	S	N	A		
	I		N	N	C	J		O			
		P	O	O	A						
	C	L	U	R	M	N					
	L	T	E	E	A	I					
C	O	T	R	G	S	S	K				
T	A	E	I	I	G	U	G				
O	E	K	D	W	A	H	I	O	Y		
W	T	R	I	K	S	Y	S	N	L		
S	W	A	I	S	T	C	O	A	T	G	B
I	C	O	H	T	R	O	U	S	E	R	S

94

G	M	A	C	D	O	N	A	L	D	C	G
C	D	A	S	Q	U	I	T	H	N	A	L
T	H	O	C	H	U	R	C	H	I	L	L
R	B	A	U	M	E	D	E	N	W	L	O
I	E	A	M	G	I	A	T	R	D	A	Y
A	C	H	L	B	L	L	T	H	L	G	D
L	C	A	C	F	E	A	L	H	A	H	G
B	T	E	T	T	O	R	S	A	B	A	E
		T	A	U	L	H	N	N	O		
		C	L	H	R	A	O	D	R		
		B	L	E	T	A	I	M	G		
		C	A	M	E	R	O	N	E		

97

R	E	D	N	E	B	L	L	E	H	D	L
D	P	R	I	R	O	T	O	D	W	G	F
G	O	L	G	G	O	E	L	A	T	O	T
G	O	R	F	L	A	E	R	O	B	R	A
U	B	T	O	E	E	F	O	T	E	F	M
O	T	X	T	O	S	F	T	E	E	F	U
X	A	A	G	I	E	R	F	F	E	A	D
O	H	N	R	D	T	R	T	I	B	E	P
A	O	E	A	D	O	E	A	W	W	L	U
C	N	P	F	G	F	O	F	D	E	P	P
S	S	C	A	E	C	I	L	I	A	N	P
G	O	R	F	E	U	R	T	M	E	D	Y

95

		E	P	T	P	B					
		E	O	S	U	R	N				
	P	R	T	G	A	R	I				
	C	L	S	I	E	L	E				
H	E	P	A	T	S	P	D	K			
G	R	I	N	T	A	P	O	F			
E	A	N	A	D	N	O	K	M	R		
Y	M	L	A	P	E	A	D	E	A	P	
T	I	K	D	I	A	T	S	R	I	F	C
F	O	L	D	I	N	G	C	H	A	I	R
D	A	O	G	A	S	C	O	O	K	E	R

98

N	D	N	U	O	H	Y	E	R	G	M	R
N	P	O	I	N	T	E	R	F	O	D	H
A	F	G	H	A	N	H	O	U	N	D	R
I	B	N	L	E	U	X	N	U	N	O	E
T	O	R	U	O	H	T	O	U	T	B	V
A	X	A	M	O	A	H	O	T	S	E	E
M	E	P	U	I	N	H	W	A	E	R	I
L	R	N	N	A	D	E	L	T	I	M	R
A	D	D	Z	O	I	U	U	D	L	A	T
D	O	I	O	L	K	P	H	C	L	N	E
G	B	L	E	I	N	A	P	S	O	H	R
I	B	R	E	Z	U	A	N	H	C	S	I

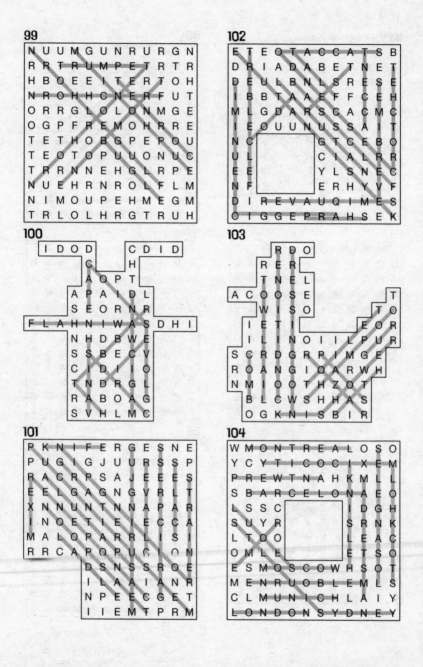

99

```
N U U M G U N R U R G N
R R T R U M P E T R T R
H B O E E I T E R T O H
N R O H H C N E R F U T
O R R G L O L O N M G E
O G P F R E M O H R R E
T E T H O B G P E P O U
T R R N N E H G L R P E
N U E H R N R O L F L M
N I M O U P E H M E G M
T R L O L H R G T R U H
```

102

```
E T E O T A C C A T S B
D R I A D A B E T N E T
D E U L B N L S R E S E
I B B T A A E F F C E H
M L G D A R S C A C M C
I E O U U N U S S A I T
N C         G T C E B O
U L         C I A L R R
E E         Y L S N E C
N F         E R H Y V F
D I R E V A U Q I M E S
O I G G E P R A H S E K
```

100

```
      I D O D     C D I D
            C     H
            A O P T
        A P A I D L
        S E O R N R
F L A H N I W A S D H I
        N H D B W E
        S S B E C V
        C I D I I O
        T N D R G L
        R A B O A G
        S V H L M C
```

103

```
        R D O
        R E R
        T N E L
A C O O S E   O         T
        W I S O         T O
        I E T I         E O R
        I L I N O I I L P U R
S C R D G R R P I M G E
R O A N G I O A R W H
N M I O O T H Z O T
B L C W S H H A S
O G K N I S B I R
```

101

```
P K N I F E R G E S N E
P U G I G J U U R S S P
R A C R P S A J E E E S
E E L G A G N G V R L T
X N N U N T N N A P A R
I N O E T I E I E C C A
M A L O P A R R L I S I
R R C A P O P U G I O N
    D S N S S R O E
    I L A A I A N R
    N P E E C G E T
    I I E M T P R M
```

104

```
W M O N T R E A L O S O
Y C Y T I C O C I X E M
P R E W T N A H K M L L
S B A R C E L O N A E O
L S S C         I D G H
S U Y R         S R N K
L T O O         L E A C
O M L E         E T S O
E S M O S C O W H S O T
M E N R U O B L E M L S
C L M U N I C H L A I Y
L O N D O N S Y D N E Y
```

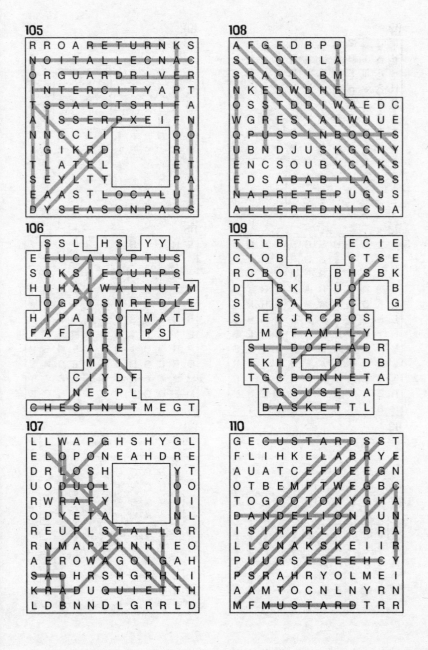

111

```
I S A G O N D O L A T A
B C A R A V A N E C N L
T O I L H H T N H E E N
C O A C H E A A L N I E
C T L T R L R C I A K B
A E O E P I Y S R I I C
R R R O O C U T B C O E
R I R T I O I R Y R M S
I E Y N M P O C
A E U I I T L I
G B L H O E O R
E K S M M R E L
```

114

```
R V B U F Y N K I R P K
Y I L A U G H I N G A N
I P A G L P         R I
W O L N L J         M P
H O K U O R         G D
N K N Y F G         N E
I K O D B R N L L R I L
W U A F E H E I P D Z K
S G R L A R A E K H A C
P F N G N N F P H L M
G N D R S D L U P C A T
P A N L L I V E L Y R W
```

112

```
S L L B B E C R S S G B
Y E E L L B B R T R L E
G R R R A R E R A U B A
L O R T C R A S E R Y C
D R O E K W P B O R R Y
E B R S B B E E R A R C
R Y C E E R R Y N R E S
Y R R R R B E B S B B S
L R R Y R A E D A B L R
Y Y B A Y R R R L L I R
R C Y E R R P A R E B Y
R B Y Y B E A E Y Y Y P
```

115

```
E N I I S P A N P E T I
A T N A O C R V R L O L
I N U N E T I D A L I L
V I O L I N R O H A O T
P T L O F O O U S O O A
S O F T S P T B M L T V
P L T F I S O L M P I A
P R O O I M A E E O E V
O E L S E E P B L C R T
M B T E N I R A L C T T
M S O C E N O S N N C R
N S P E R C U S S I O N
```

113

```
            R E P P I L S
            T R A I N E R
            S A N D A L M
            D A R O F O
            R E T L H C
            K T I T I C
    B R T N A E P R O G A
O A L G E L F U R O H S
V A L O N I L O M R B H I
O L S T O C A P T O E N
C E S P A D R I L L E D
T N C M R O F T A L P
```

116

```
  N L N E K C I H C T
  G G E D E I R F B G M V
  I R E S O O P O E H K T
      U E I I T T E E
  A V O C A D O T R B
  T O K M R N C R K S
  L O A E H N O I
  E T T P U P T O N I
    S A P T N R T Y
  U L H S I L E R F A
  M A S R M O O R H S U M
  J S S L T E C U T T E L
```

Ace Puzzlers

117

```
I B S N B R M O U T O M C A
A T O U T A E L E T S J O L
E R A F H E C V U A O C N S
B P G J I E N K E D M O N S
Y C O D A E M C G R O D E M
B N T N B       A S N C T
G H M C M       U M I T S
C S I O P       G G M F B
R K V N N       H O R O O
C E O C H O S E B T H E U N
C T C M H A P S M S A T R M
O G S E U E E O D L E S C D
O N H P I H S E L T T A B G
E A V R R C M S T Y M M N G
```

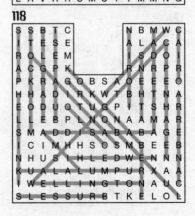

118

```
S S B T C       N B M W C
I T E S E       A L A C A
R O L E M       I S D O I
A C G P K       R N R P R
P K R A G O B S A O E E E O
H H A D I R K W T B H T N A
E O D U O T U G P I T S H R
L L E B P L N O N A A M A R
S M A D D I S A B A B A G E
I C I M H H S O S M B E E B
N H U S I H L E D W E N N N
K U A L A L U M P U R X A A
I W E L L I N G T O N A U C
S L E S S U R B T K E L O L
```

119

```
S N I A R T N O T F E L K T
W R E D O G A T E I T N W I
E E I M D O A A N I I O K
R P Y O O N T N O S K O D O
I A H T D H E D N O O L N O
F P S P I L T I N K O N I T
T F R W O N D A D S T T W D
H O B T D E D S T T R E T N
G T S L P A O M O I E E U E
U U U P E D Y O L K T S O I
A O O N N B B I R B S F W R
C R A N O U T O F T M E F
D I O O S F P T T F S W L L
B I K Y T Y A W A W E L B D
```

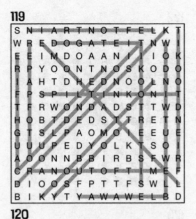

120

```
Y E S N L E T S Y E S C A B
B Y B Y A T S E M M I R Y B
T O R T O I S E S H E L L K
B N R M I T N I M B I A B M
E E T A N N A I S R E P N G
E S O I S M I B S T U X N B
Y P Y A E L R A B S N B P S
N Y G S S N E S I Y Y B N H
Y E E T T E B T H L E B C R
B X R M E O I P E E L B A I
S O T A M O S E B A H G Y E
E B S B A O A O C E B A I C
X N A M I O N K N A M A O A
K Y B I N U C M M O I R L T
```

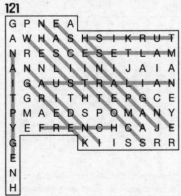

121

```
G P N E A
A W H A S H S I K R U T
N R E S C E S E T L A M
A N N L I I N I J A I A
I G A U S T R A L I A N
T G R I T H T E P G C E
P M A E D S P O M A N Y
Y E F R E N C H C A J E
    K I I S S R R
```

122

```
        L T T E R E B O
        E L C L O D R B
        T D A B Z E F R
        A E T B R E A E
        R K E B E R V C
        I C M A O S I O
        P O A D D T A W
        S C E R R A T B
        F F A I L L O O
        E Z L P R K R Y
C O I B O W L E R R W R
R W Y T I T U R B A N T
```

125

```
A I S Y A L A M A
A N N W S Y R I A
A S D A A I E R A A
B O M R T T Z Y U
E N A U S S Z N G
R E D U A J H E A N I H C A
O S A F A N I K R U B G K I
P I G P H S E D A L G N A B
A A A N A H G N C Z A Z M M
G N S T S W A Z I L A N D O
N I C E L A N D N A I K D L
I R A T L A R B I G R J A O
S G R U O B M E X U L K I C
I O M O Z A M B I Q U E U F
```

123

```
M N M R W E R H S E L U T S
E E U S M A U J M C O R T N
N Q X T I R E P A K R E G T
I K I I Y R E S C G L D E A
C R N E C R E U B L G G A A
A I C E O A B G E R U A A T
L E P R M E N R I E Z Z U Y
Y L R I U Y S G X T L E A Q
H A N L E S S E R B I L L Y
T K B W E A N J L I U L H E
C U B A N C O N E Y Z E A G
Q C C M Y C V E A O G Z L B
P O R E G I T N A V A J L I
W L E N A P R A T T N R U Y
```

126

```
Y A W A O G N I A R N I A R
A B L E M T A R P S K C A J
C B A S I J D C L B I M E A
L L E B G N O D G N I D E P
T H R E E B L I N D M I C E
H U M P T Y D U M P T Y J U
L I T T L E B O B E E P L B
S B O J A C K A N D J I L L
E E L O C G N I K D L O A H
N S N U B S S O R C T O H T
E I G R O P E I G R O E G I
D O C T O R F O S T E R M S
I S I M P L E S I M O N T I
E L K N I W T E L K N I W T
```

124

```
T E S P F N H L F
D L K B A P U L R
O O C Y I L I E M
S S O O R G L N Z
N R L H Y E B E O
O A I A G R T A R C H H I C
W E D N O N A S D E C P L E
W B L S D N I P I W D H A O
H E O E M T I D U S O N I K
I F G I O F I R I N P I I
T R L E T E R G S R Z E F C
E H H K H N W I I C D E T E
Y T U A E B G N I P E E L S
G N I M R A H C E C N I R P
```

127

```
        H           R R W
    A P   E E   S R A I
Y R R E B W A R T S C W
E N I R A T C E N H R O
M A E L D E R B E R R Y
I P N R L M A R B A S B
L P O M E G R A N A T E
E L C L M Y N G T P E P
M E U P O A E S E H E
  N S E N T U A C A
    E A A M R Y C
      D A   L H
```

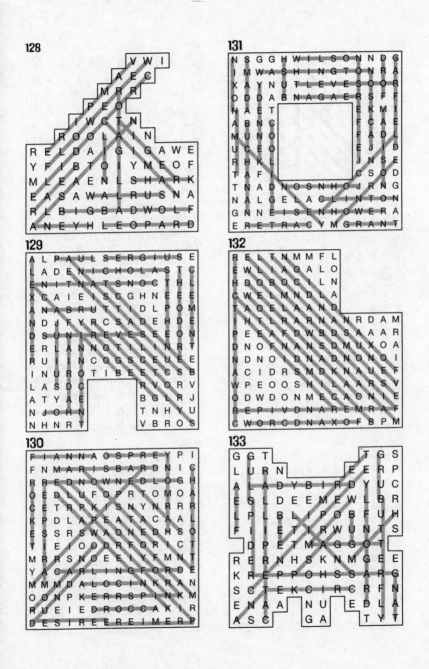

128

```
            V W I
          A E C
          M R R
        P E O
      I W C T N
    R O O L A I N
R E L D A I G I G A W E
Y F I B T O I Y M E O F
M L E A E N L S H A R K
E A S A W A L R U S N A
R L B I G B A D W O L F
A N E Y H L E O P A R D
```

129

```
A L P A U L S E R G I U S E
L A D E N I C H O L A S T C
E N I T N A T S N O C T H L
X C A I E I S C G H N E E E
A N A B R U T T I D L P O M
N D J F Y R C S A D E H D E
D S U N I R E V E S E E O N
E R L A N N O T I L I N R T
R U I I N C O G S C E U E E
I N U R O T I B E E T C S B
L A S D C           R V O R V
A T Y A E           B G L R J
N J O H N           T N H Y U
N H N R T           V B R O S
```

130

```
F I A N N A O S P R E Y P I
F N M A R I S B A R D N I C
R R E D N O W N E D L O G H
O E D L U F O P R T O M O A
C E T R P K I S N Y N R R R
K P D L A P E A T A C A A L
E S S R S W A O N E D H S O
T I E I O O D R F O R I C T
M R R S N O E E I Y F M N T
Y A C A R L I N G F O R D E
M M M D A L O C I N K R A N
O O N P K E R R S P I N K M
R U E I E D R O C C A K I R
D E S I R E E R E I M E R P
```

131

```
N S G G H W I L S O N N D G
I M W A S H I N G T O N R A
X A Y N U T L E V E S O O R
O D D A B N A G A E R S F F
N A E T               E K M I
A B N C               F C A E
M U N O               A D L D
U C E O               E J J D
R H K L               J N S E
T A F I               C S O D
T N A D N O S N H O J R N G
N A L G E L A C L I N T O N
G N N E I S E N H O W E R A
E R E T R A C Y M G R A N T
```

132

```
R E L T N M M F L
E W L I A O A L O
H D O B O C I L N
C W E L M N D L A
T A O E L A A N D
I H T L R A R N A N R D A M
P E E A F D W B D S A A A R
D N O F N A N S D M U X O A
N D N O I D N A D N O N O I
A C I D R S M D K N A U E F
W P E O O S H I L A A R S V
O D W D O N M E C A O N I E
R E P I V D N A R E M R A F
C W O R C D N A X O F B P M
```

133

```
G G T               T G S
L U R N           E E R P
A L A D Y B I R D Y U C
E S L D E E M E W L B R H
L P I L B L I P O B F U H
F I I E T I R W U N T S
    D P E T M A G G O T
R E R N H S K N M G E E
K R E P P O H S S A R G
S C T E K C I R C R F N
E N A A     N U     E D L A
A S C         G A     T Y T
```

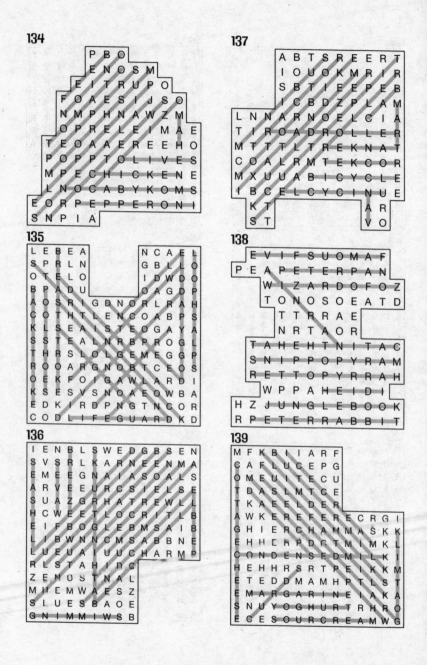

134

```
      P B O
    E N O S M
  E I T R U P O
F O A E S I J S O
N M P H N A W Z M
O P R E L E I M A E
T E O A A E R E E H O
P O P P T O L I V E S
M P E C H I C K E N E
L N O C A B Y K O M S
E O R P E P P E R O N I
S N P I A
```

137

```
A B T S R E E R T
I O U O K M R I R
S B T I E E P E B
  I C B D Z P L A M
L N N A R N O E L C I A
T I R O A D R O L L E R
M T T T L T R E K N A T
C O A L R M T E K C O R
M X U U A B I C Y C L E
I B C E L C Y C I N U E
K T             A R
S T             V O
```

135

```
L E B E A           N C A E L
S P R L N           G B L L O
O T E L O           I D W D O
B P A D U           O A G D P
A O S R I G D N O R L R A H
C O T H T L E N C O A B P S
K L S E A I S T E O G A Y A
S S T E A L N R B P R O G L
T H R S L O L G E M E G G P
R O O A R G N O B T C E O S
O E K F O I G A W L A R D I
K S E S V S N O A E O W B A
E D K I R D P N G T N C O R
C O D L I F E G U A R D K D
```

136

```
I E N B L S W E D G B S E N
S V S R L K A R N E E N M A
E M E E G N A I A S O A L S
A R V E E U R C S I E L S E
S U A Z G R H A T R E W L L
H C W E E T L O C R I T L B
E I F B O G L E B M S A I B
L I B W N N C M S A B B N E
L U E U A I U U C H A R M P
R L S T A H I R G
Z E N O S T N A L
M I E M W A E S Z
S L U E S B A O E
G N I M M I W S B
```

138

```
E V I F S U O M A F
P E A P E T E R P A N
  W I Z A R D O F O Z
  T O N O S O E A T D
    T T R R A E
    N R T A O R
T A H E H T N I T A C
S N I P P O P Y R A M
R E T T O P Y R R A H
  W P P A H E I D I
H Z J U N G L E B O O K
R P E T E R R A B B I T
```

139

```
M F K B I I A R F
C A F L U C E P G
O M E U I T E C U
T D A S L M T C E
T K A E E L D E R
A W K E R E F E R E C R G I
G H I E R C H A M M A S K K
E H H E R P D G T M I M K L
C O N D E N S E D M I L K K I
H E H H R S R T P E I K K M
E T E D D M A M H P T L S T
E M A R G A R I N E I A K A
S N U Y O G H U R T R H R O
E C E S O U R C R E A M W G
```

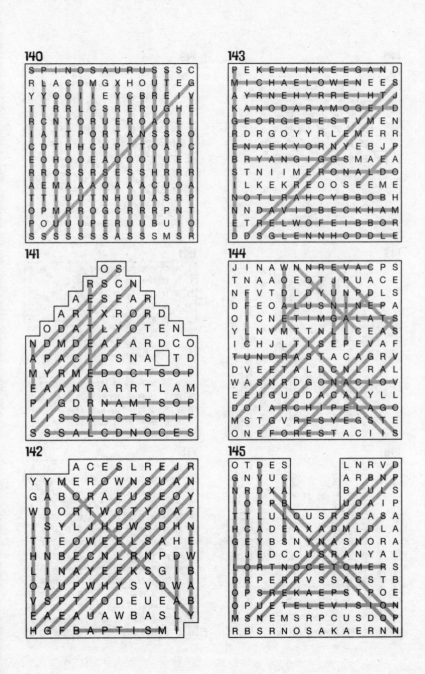

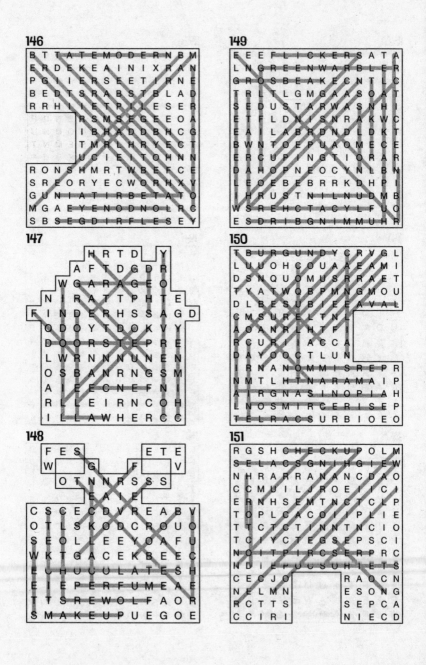

146

```
B T T A T E M O D E R N B M
E R D E K E A I N I X R A N
P G I I E R S E E T I R N E
B E D T S R A B S T B L A D
R R H I I E T P I L E S E R
      R S M S E G E E E O A
      I B H A D D B H C G
      T M R L H R Y E C T
      U C I E I T O H N N
R O N S H M R T W B E F C E
S R E O R Y E C W O R H X V
G U N I A T I R B E T A T O
M G A E Y E N O D N O L R C
S B S E G D I R F L E S E Y
```

147

```
        H R T D   Y
      A F T D G D R
    W G A R A G E O
    N I R A T T P H T E
F I N D E R H S S A G D
O D O Y T D O K V V Y
D O O R S T E P R E
L W R N N N U N E N
O S B A N R N G S M
A I E E C N E F N I
R L L E I R N C O H
I L L A W H E R C C
```

148

```
F E S       E T E
W     G     F   V
  O T N N R S S S
  E A I E
C S C E C D V R E A B V
O T L S K O D C R O U O
S E O L L E E Y O A F U
W K T G A C E K B E E C
E C H O C O L A T E S H
E I E P E R F U M E A E
T T S R E W O L F A O R
S M A K E U P U E G O E
```

149

```
E E E F L I C K E R S A T A
L N G R E E N W A R B L E R
G R O S B E A K E C N T L C
T R L T L G M G A A S O A T
S E D U S T A R W A S N H I
E T F L D N I S N R A K W C
E A I L A B R D N D L D K T
B W N T O E P U A Q M E C E
E R C U F I N G T I O R A R
D A H O P N E O C Y N L B N
L E O E B E B R R K D H P I
I H R U S T N I L N U D M B
W S R E H C T A C Y L F U Q
E S D R I B G N I M M U H R
```

150

```
T B U R G U N D Y C R V G L
L U U O H C O U A A E A M I
D S N Q U O M U S R R A E T
T Y A T W Q B P M N G M O U
D L B E S U B I E E A V A L
C M S U R E L T N L
A O A N R L H T F I
R C U R I I A C C A
D A Y O O C T L U N
I R N A N O M M I S R E P R
N M T L H T N A R A M A I P
A T R G N A S I N O P I A H
L N O S M I R C E R I S E P
T E L R A C S U R B I O E O
```

151

```
R G S H C H E C K U P O L M
S E L A C S G N I H G I E W
N H R A R R A N A N C D A O
C C M U I L J R O E I I C I
E R N H S E M T N C T C L P
T O P L C A C O I I P L I E
T T C T C T I N N T N C I O
T C I Y C T E G S E P S C I
N O I T P I R C S E R P R C
N D I E U U S U H I E T S
C E C J O       R A O C N
N E L M N       E S O N G
R C T T S       S E P C A
C C I R I       N I E C D
```

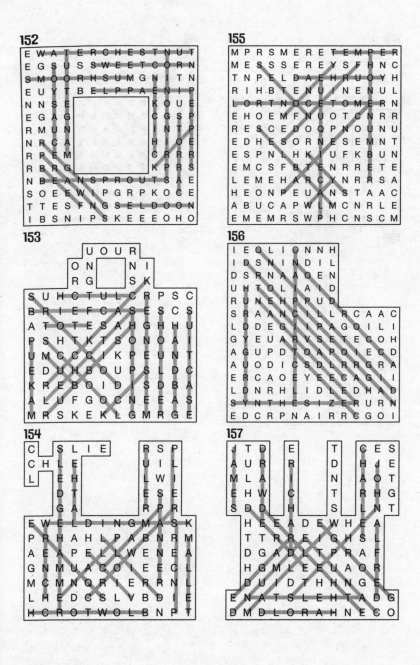

158

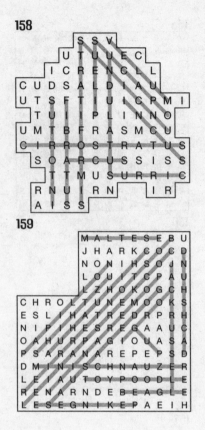

```
        S S V
      U T U U E C
    I C R E N C L L
C U D S A L D I A U
U T S F T I U C P M I
  T U I I P L I N N O
U M T B F R A S M C U
C I R R O S T R A T U S
  S O A R C U S S I S S
    T T M U S U R R I C
    R N U I R N     I R
    A I S S
```

160

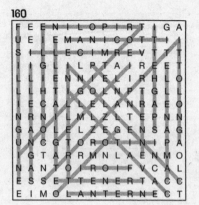

```
F E E N I L O P I R T I G A
U E I E M A N I C O T T I I
S I L L E C I M R E V T T T
I I G L   L P T A I R E E T
L L I E N N I E L I R H L O
I E C A L E L A N R A E O
N R N I L M L Z I T E P N N
G A O L E L Z E G E N S A G
U N C G T O R O T I N I P A
I G T A R R M N L A E N M O
N A N T O I R O I F V C A L
E S S E T T E N E R T A C C
E I M O L A N T E R N E C T
```

159

```
          M A L T E S E B U
          J H A R K C O C D
          N O N I H S O J N
          L O U I T C P A U
          L Z H O K O G C H
C H R O L T U N E M O O K S
E S L I H A T R E D R P R H
N I P I H E S R E G A A U C
O A H U R P A G I O U A S A
P S A R A N A R E P E P S D
D M I N I S C H N A U Z E R
L E I A U T O Y P O O D L E
R E N A R N D E B E A G L E
L E S E G N I K E P A E I H
```